愛在光中 | Call to Love Meditations

享受自由與喜樂的31天冥想

戴邁樂 著
Anthony de Mello
李純娟 譯

Call to Love: Meditations

CONTENT

專文推薦

破除執著，看見真相

吳伯仁

提到戴邁樂神父，對台灣的基督徒而言是不會太陌生的。他的第一本書《相逢寧靜中》（*Sadhana: A way to God*）[1]對渴望操練自我覺察、寧靜、祈禱的人，是不能忽略的。正如該書中文譯者鄭聖沖神父提及：「出版至今，雖僅短短幾個月間，在談論祈禱問題的場合，幾乎已是人盡皆知之書。」

戴邁樂神父在該書〈引言〉中提及，他很詫異不少靈修導師常對如何引導人祈禱感到束手無策，他卻感到協助人祈禱是相當容易的。他特別強調祈禱應該多用「心」，少用「頭腦」；實際上你越少用頭腦思考，你也越能感到祈禱使你喜樂。

大多數的司鐸和修女都以思想為祈禱，這是他們失敗的原因。這樣的話語實是大德蘭（Teresa of Avila）在《靈心城堡》（*The Inner Castle*）[2]〈第四重住所〉所記的回響：「我只願妳們留意，為了在此路上有長足的進步，及登上我們想望的那些住所，重要的不是想得多，而是愛得多；凡是最能喚起妳們去愛的，妳們要這麼做。」（參見1章7節）

有鑑於此，筆者在輔仁聖博敏神學院教授「靈修導論與操練」的課程時，即以該書作為祈禱操練的教科書，引領學生們進行靜心、注意呼吸、自我覺察、意識鍛鍊、想像力的操練，進而進入基督宗教靈修傳統中的默想和默觀的操練。參與的學生們皆受益良多。

戴邁樂神父，一九三一年九月四日出生於印度孟買，一九八七年六月二日因心臟病發作，逝世於美國紐約，享年五十五歲。他是印度籍天主教耶穌會會士和心理治療

1. 戴邁樂著，鄭聖沖譯，《相逢寧靜中》，台北：光啟文化，2013。
2. 大德蘭著，加爾默羅修女譯，《聖女大德蘭的靈心城堡》，台北：星火文化，2013。

師。他藉由他的靈修著作而為人所知。他對全世界的基督徒靈修有廣泛的影響，是公認的國際級靈修導師、作家和公開的演說家。他也是印度普那「靜舍靈修中心」的靈修指導員，世界各地數不清的人來此參加他帶領的避靜和心靈工作坊。

他把意識的發展視為靈修進步中最重要的元素之一，也就是說，在我們本身的宗教信仰的傳統之內，尋求瞭解與體會神的新方式。當信仰一旦使我們在所有事物中看得見、感覺到神的存在時，種種的操練終究使們我體悟到，自己與一切事物之中都有神的臨在，這也是對「我們生活、行動、存在，都在祂內」（宗十七28）的神一種親密而忠誠的朝拜方式。他會說：「如果你不在身心修鍊時加深你對無限（天主）的體會，那麼身心修鍊對你毫無意義。」[3]

本書是戴邁樂神父的思想精華，處理了愛的基本問題。在三十一篇的默想中，他懇切地期盼讀者能夠突破假象、幻覺和錯誤的信念，這是走向愛的最大障礙。戴邁樂神父堅持認為「愛出於覺察」；唯有當我們看其他的人、事、物正如其所是，我們才能夠開始真正地愛。然而，不僅是我們必須試圖以清晰的眼光看其他的人、事、物所是，我們也必須毫無錯誤地自我審視，接受事實，破除腦中既存的思考模式（程式），捨棄內心的各種執著。

這是一件不容易的任務，但卻是充滿樂趣的工作。戴邁樂神父說：「只要你不是用強制或斷然拋棄的方法，而是仔細觀看，改變想法。你必須做的是睜開雙眼看個明白，你根本不需要你所執著的那些東西。」然而，「看見真相」是所有行為中最艱辛、且令人最痛苦的事；愛卻是在當你看見實相的時刻誕生。更確切地說，默觀事物的本來真實樣貌，就是愛。

戴邁樂神父進一步探詢：愛是什麼？愛不是盲目的；盲目是執著、不是愛。愛是什麼？愛是無所不包、一視同仁；愛是不排斥的，愛擁抱生命的整體。愛是什麼？愛是不求回報。愛是什麼？愛是「無我意識」，也就是「無私」；愛是單單純純的愛，沒有對象的差別。愛是什麼？愛就是自由；愛只能在自由中存在。真正懂愛的人會為了所愛之人著想，讓他從對自己的依附中解放，獲得真正的自由。愛是什麼？愛是看

3. 華雷仕（Carlos G. Valles）著，魯燕萍譯，《放下包袱》，台北：光啟文化，1997，頁104-105。

見真相，並給予相稱的回應。

讓我們隨著戴邁樂神父舉起「覺知之劍」，破除執著的魔障，走上愛的自由之路吧！

（本文作者為輔仁聖博敏神學院教授、靜山靈修中心主任）

專文推薦

認識自己、認識生命

——從自我回歸自性，從自性開展生命

鄭存琪

我們誕生在一個已經存有社會建構與文化價值的世界裡。

孩童時期，我們一方面依著純真的本性，以好奇、觀察、玩耍的方式生活著；另一方面由於沒有獨立生存的能力，害怕被遺棄，亦依著求生的本能，以競爭關愛、順從討好、崇拜模仿的方式，學習著父母師長所教導的溝通方式、語言文字、禮儀風俗。

在這形塑自我的成長過程中，我們把注意力放在身外世界，依循著大家所認為的

對錯好壞，設定努力的目標，希望得到他人的肯定與認同，追求安全感、掌控感與成就感，卻也逐漸遺忘了自己在孩童時期也曾經活在當下的那份天真與歡笑。

直到有一天，也許是重大事件（如：意外、失戀、失業、生病、家庭問題、中年危機等）的逼迫，也許是發現辛苦努力所得到的快樂亦不長久，也許是在單調重複的生活中覺得無聊，我們開始覺得不對勁，對當前的生命樣貌感到苦惱與不滿，內心開始出現疑惑的聲音：「為什麼我要活得這麼累？為什麼我要依循別人的想法或期待過活？為什麼不能依著自己的方式生活？」

這些疑惑雖然痛苦，但是對生命而言，卻是一個福祐。它讓我們有機會能夠回過頭來認識自己、認識生命。看看成長過程的經驗如何影響現在的我、自己有那些特質與能力、我是如何認識與詮釋身心與外在現象的（我是怎麼想的，合不合理，有沒有其他可能，想法與情緒、身體感受之間的關係如何）、我真正想要什麼、有多強的動機，並且檢視過去被教導的社會價值（例如：何謂成功、幸福、有價值），重新賦予與創造個人的意義，朝向活出自己的方向發展。

在這個認識自己、活出自己的過程中，當我們透過接納、不批判的自我覺察，會發現，自己的恐懼（害怕死亡、痛苦、未知、被遺棄、無法自主）、信念與價值，其實受到生存本能、家庭社會文化底蘊與個人認知模式深深地宰制，即使鬆動一段時間，內心感到自在片刻，但是在無常與墮性的驅使下，很容易又回到過去的習性模式，讓自己感到省事安全，因而明瞭：「自我是侷限的、我是不自由的、我是無可避免地帶著偏見來看待世界的。」

此時，對於其他生命也會有一種同理與體諒，知道每一種生命樣貌的呈現都有它的脈絡緣由、一些無法自主的內外困境，以及當下存在的意義。因著這些瞭解，我們會感受到與其他生命的連結，內心變得柔軟、溫暖，希望能夠解脫自己、也讓他人能夠真正的自由。在這個動機的引領下，我們希望更進一步地了悟生命的本質，超越無常、有限、苦難的生命表相，得到真實的平安、喜悅與寧靜。

於是，在生活中，我們學習放開自我中心、讓心開放，允許不同事物與經驗的顯露，看看它們想要教導我們什麼，尊重與欣賞各種事物的美，感恩他們的存在開闊了自己的視野。在打開自己的同時，必定會打開生命。自他對立的感受消失，自然盈滿著平安與喜悅。單純只是覺知。單純地活在當下。

這即是本書所要描述的「從自我回歸自性，從自性開展生命」的靈性歷程，這是一個亙古普世的人類發展，不同的文化、宗教、哲學、科學、心理學，以他們的語言，描述著「生命的本質」與「我們如何認識和詮釋現象」這些生命的核心議題，戴邁樂神父以他結合東西方生命哲學與心理學的深邃智慧，細膩地提醒與澄清我們在路途中可能遇到的迷惑。

在第一天，作者即開門見山地以生活體驗裡不同的滿足感，來區別它是呼應於俗世（自我）或是靈魂（自性）。例如：當戰勝他人時的滿足感，它有自我感被強化、我與他人有區隔、並帶有緊縮與興奮的傾向，這是俗世的感受，這種感受很容易消散、感覺空虛、並且受制於外界。另一種，是呼應於靈魂的感受，例如：當我們欣賞大自然美景、單純地融入自己喜歡的工作、讀一本喜歡的書、與所愛的人相處時，會感到自在放鬆、自我或時間感消融、與生命連結的喜悅，這種感受是源自於自身、不假外求的。現代人追求快樂，作者區辨兩者的差異，讓人們能夠朝向更健康的方向發展，是很有意義的。

在第二天到第七天，作者以「認知影響情緒」做為起點，讓我們瞭解：要回頭檢視自己可能的錯誤信念與認知模式，因為它們深深地影響我們看待事物的方式。這個提醒與認知心理治療是相似的。

在美國心理學家阿爾伯特．艾利斯（Albert Ellis）的「理情行為治療」（Rational Emotive Behavior Therapy，簡稱 **REBT**）中的名言：「人不是被事情困擾，而是被對事情的看法困擾。」他提到人會出現「非理性信念」，例如：「我所做的事一定要十全十美，絕對不允許失敗。」這類型的想法以「絕對、必須、一定」等極端化的內在話語為特點，未經驗證、不合邏輯、不合理性、過度誇大、過度簡化或類化，會造成責備自己或他人、挫敗感、對自他敵意、焦慮、憂鬱、無法忍受等情緒失調的現象。

REBT 所用的方法是去偵測出非理性信念、學習去做理性的驗證（自問：有什麼證據證明這個信念是事實、合理的？）、去分辨理性或非理性的信念，讓自己根深蒂固的錯誤信念得以改變。

在另一位心理學家亞倫．貝克（Aaron Beck）的「認知行為治療」（Cognitive Behavioral Therap，簡稱CBT）中提到，人會有自動化思考（人在特殊情境所引發的獨特想法，速度很快，沒有完全意識到，就導致情緒或行為的機械化反應，例如：當某人邀約朋友被婉拒時，情緒就變得很沮喪，自動化想法是覺得自己是個不被喜愛、沒有價值的人）、「認知基模」（Schema，指人類思考有一套處理訊息的認知模式）與認知扭曲的情形。

CBT的治療方法之一，是去瞭解自動化思考與不同情緒間的關連，辨識自動化想法（如：這時候你腦中閃過什麼想法？）、分析背後的邏輯與適應不良的假設、檢驗假設的有效性或瞭解其意義，然後予以修正。

在本書中，作者所採用的方法，比較趨近於「正念」（Mindfulness）。正念是以接納、不批判的態度，安住於單純的覺知中，觀察當下任何的想法、情緒、身體感受與衝動，以瞭解自己的內在信念，看清楚恐懼與執著是如何影響自己，明瞭我是如何看待自己與世界、並且如何回應。當不斷地看清、瞭解、放下，我們能夠單純地存在，當下即圓滿具足。正如六祖慧能大師所說的：「何期自性本自清淨，何期自性本不生滅，何期自性本自具足，何期自性本無動搖，何期自性能生萬法。」

靈性修行與正念所採取的態度，與上述的理情行為治療、認知行為治療有著很大的不同。如果我們以伊甸園的故事來做瞭解：亞當與夏娃之所以有罪，並不是因為違抗上帝的意旨，而是因為吃了分別善惡樹的果實，由無分別的自在狀態，落入二元分別、對立的衝突，因此要遭受苦難與掙扎。

由此可知，靈性修行與正念所用的方法，主體是安住於圓滿自性，以超越二元對立、認為不同顯相都有其意義的善解，來觀察世俗的經驗。這與 REBT 與 CBT 的主體是放在世俗自我上，仍以二元對立的方式來評價身心現象，有著立足點上的不同。

透過這個瞭解，也可以明白作者在第八天之後所澄清的重要主題：愛。真實的愛，是從自性所散發出來的，是在此時此地、如其所是地接納、瞭解自己與對方。這是一件自然發生的事，是看見對方如我們一樣：本性圓滿具足，是感受到自他既為一體、又有個別的獨特性；真實的愛有著真誠、敏銳、放鬆、自在、成全的特質，有著能夠引領我們到達覺醒之門的大能。

當愛是源自於自我時，我們所愛的，可能是自己對他人的期待、想像或投射，愛的動機可能是源於自己的需求、而不是對方的需求，因為我們所愛的，其實是自己；這種愛會有掌控、占有、執著、焦慮、緊縮、嫉妒等的性質。在靈性修行上，透過對於「愛」的內心覺察，幫助我們瞭解自己當下的樣貌。

最後，作者提醒我們，真正的神聖是完全的「無我」意識，放下概念，真實地體驗生命，醒悟覺知，活在當下——這樣就足夠了。

（本文作者為台中慈濟醫院精神科主治醫師）

譯者序
成為自己情緒的馴悍師

李純娟

一般靈修書的寫作方式多傾向「靈修學」，不是說了很多激發情緒的熱烈話語，就是沉重的靈修學理。安東尼．戴邁樂的這本《愛在光中》，既沒有熱心敬禮的話，也沒有沉重的學理。

整本書由三十一篇短文構成，每一篇所談的都是我們日常生活中的喜、怒、哀、樂。面對這些無法逃避又難以處理的情緒，他不分析對或不對、好或不好、應該或不應該這種充滿對立的教條和訓言，而只是去覺知和觀照。

這些平凡得不能再平凡的喜、怒、哀、樂，對我們的生活品質卻有舉足輕重的威力，我們活得好不好、快樂不快樂，都是由它們決定。面對它們時，我們總是有著不知所措或措手不及的無奈。本書為讀者帶來了一位超級馴悍師，讓我們學會馴服自己的各種情緒。

每一篇的文末都有一段福音中耶穌的話，讀者可以把耶穌的教導放在自己身上，然後不慌不忙、不急不躁地去覺察每個發生在自己身上的事件和隨之而來的情緒變化，接下來就是專注地去看、去觀照。

覺察、看和觀照，就是本書帶給讀者的情緒馴悍師。再怎麼強悍、冥頑、難纏的情緒，經過專注的覺察和持續的看與觀照，它們就會不費力氣地自行化解，帶來心境上的轉換和生活上的具體變化與提升。

以下簡述一些章節重點，讀者可由此窺視本書的風格與精彩內涵：

在〈得失之間〉中，戴邁樂神父讓讀者學習覺察、觀照不同狀況所帶來的不同感受，例如獲得他人讚賞和完成一個創作時的心境感受，並學會認得其中的相異之處，瞭解「第一種感受來自於自我感覺良好和自我提高，是一種俗世的感受和情緒。第二種感受則來自於自我的實現和圓滿，是一種靈魂的感受和心境」。

〈快樂與夢魘〉則是為我們一針見血地點出，造成我們不快樂的真正原因就是錯誤的想法、信念。而阻擋我們快樂的錯誤信念到底是什麼？第一個錯誤想法是：「如果缺少了那些你喜愛的和你認為珍貴的東西，你就不會快樂。」第二個錯誤想法是：「只要改變現實處境和周遭的人，幸福快樂就會來臨。」第三個錯誤想法是：「如果一切欲望都滿足了，你就會快樂。」

接下來，〈被設定的心靈程式〉教導讀者，面對自己無法主導的情緒的唯一方法，就是覺察和觀照：「持續觀察這個不舒服的情況或令你不舒服的人，直到你發現根本不是他們製造了這些負面情緒，無論他們是對是錯、是好是壞，他們只不過是各司其職、各行其事罷了。」

在〈我一點也不執著於你〉中又更精微地指出，如果你想要快樂，要怎麼起而行：「你需要的不是努力、善意或善願，而是要清楚地瞭解你是怎樣被設計的。你的社會、文化教導你去相信，只要你缺了某些人或某些東西，你就會不快樂。這點只要看看你周遭的人就知道了，人們確實都把生活建立在一個毫無疑問的信念上：只要缺少了某些人或某些東西——錢、權力、成功、肯定、好名聲、愛情、友誼、靈修、神——就會不快樂。」

現在，你大概已經不想繼續讀這篇文章，而迫不及待地想要直接進入這本書了。全書每一章都是這樣的方式，讀這本書，可以說，就等於參加一個「馴悍」情緒的工作坊，讀者就是參與者和實習生。

《愛在光中》是一本帶來自我認識、自我超越、人格成長、信仰深化的珍貴著作，讀者只要當個忠實的實習生，跟著書走、跟著書做，你就會變得完全不同。

最後，感謝啟示出版給我這個機會，翻譯安東尼・戴邁樂神父生前的最後一本書，藉此機會，向這位當代靈修大師表達深深的懷念和敬意。

八〇年代中期，筆者曾有幸聆聽神父大師的教導。可是，一九八七年在加州灣區仁慈靈修中心（Mercy Center Burligame），一群學生正興奮地等待著大師的來到時，卻傳來戴邁樂神父身體突感不適而逝世的噩耗！

在震驚、失落、哀傷中，我們立即將講習會轉換為緬懷聖者的「植樹日」，所以我們在靜默中種下了一棵又一棵的樹苗，散佈在仁慈靈修中心周圍四十英畝的土地上。就在種樹的過程中，我們修持不執著、捨得、超然。

距今已經十六年了，當時種下的樹也長高、長大，枝葉茂盛地在仁慈靈修中心迎風搖曳。戴邁樂神父就像那些樹一般，直到如今，依然繼續為後世提供庇蔭，伴隨著人們走上愛的旅途！

（本文作者為聖功修女會靈修輔導）

01 得失之間

回想一下，當有人讚美你、贊同你、接受你、為你喝采時，你心中的感受。再回想一下，當你欣賞晨曦、夕陽與大自然美景，或是讀一本喜歡的書、看一部深深觸動你的電影時，心中又是什麼感覺。仔細品味這種感覺，再與前一種感受對照一下，你會發現，第一種感受來自於自我感覺良好和自我提高，是一種俗世的感受和情緒。第二種感受則來自於自我的實現和圓滿，是一種靈魂的感受和心境。

看看另一組對照：想像一下，當你獲得成功與成就，或是贏得一場比賽、賭注或辯論時的感受。再對照一下當你全心投入一份工作，或是為某個目標傾力而為時所產生的滿足感。你會再次發現，俗世與靈魂，兩者的感受和心境完全不同。

再想像一下，你身為老闆，掌握權勢，人人要看你的臉色、聽你的命令。再把這種感受與另一種情形做個對比：你有愛你的家人、關心你的好友，你有一個歸屬的團體，你樂在其中，與他們相處時充滿歡笑，心中滿溢著喜悅和幸福。

做了這樣的想像和對照之後，你就能瞭解，俗世感受的真正本質——自我感覺良好和自我提高——並非來自你的本性，而是由你所處的社會文化所造出來的，為了讓你有生產力、可以被控制。這樣的感受和情緒，不會像靜觀大自然、與至親好友相聚、全心投入工作那樣，為你帶來滋養與幸福。它們能帶來的只有短暫的興奮與刺激——以及空虛。

然後，觀察你在一天或一週的生活中做了哪些事、參與了哪些活動，看看那些行為有沒有受到那些只會製造空虛的欲望、興奮與刺激所汙染，而讓你只想引人注意、要人肯定、渴求名望、成功和權力。

之後看看你四周的人，有哪個人是不被這些俗世感受所迷惑的？有哪個人是可以不受其控制，而不在生活中自覺或不自覺地耗費所有生命去尋求它們的？當你看到這情況就會瞭解，**人是如何地想盡辦法要獲得世界，卻在過程中喪失了他們的靈魂**。因為他們過的是空洞、彷彿行屍走肉般沒有靈魂的生活。

這兒有個關於生命的比喻，可以讓你好好思索一番：一群旅客坐遊覽車行經一處風景絕美的村莊，那裡有翠綠的山、清澈的湖、綠意盎然的大地和綿延的溪流。可是車內的窗簾卻始終緊閉，旅客們對車外的景色毫無所知，也沒有興趣，因為整個旅程中他們都在爭吵誰該坐最好的位子、誰該受到讚揚、誰該得到尊敬。他們就這樣直到旅程的終點。

> 人縱然賺得了全世界，
> 卻賠上了自己的靈魂，為他有什麼益處？
> 或者人還能拿什麼作為自己靈魂的代價？
>
> ——瑪竇（馬太）福音16章26節

02 快樂與夢魘

環顧一下這個世界，看看周遭和你自己內在的不快樂。你知道導致不快樂的原因嗎？或許你會說是因為孤獨、寂寞、受壓迫、戰爭、仇恨或是沒有信仰。你錯了，不快樂的真正原因只有一個：深植在你腦中的錯誤信念。

然而，這樣的錯誤信念卻非常普遍，所以你從未想到要去質疑。這樣的誤信，使你用扭曲的眼光看待世界、看待自己。你腦中被設定的程式是如此頑強，社會的壓力又是如此尖銳，以至於你身不由己，只能對世界擁有這樣錯誤的認知。你簡直無路可逃，因為你根本沒有機會去質疑你的認知可能是扭曲的、你的想法可能是偏頗的、你的信念可能是錯誤的。

看看周遭的人，你能找到一個真正快樂的人嗎？一個沒有恐懼，擁有安全感，免於焦慮、緊張、煩惱的人。如果你能在十萬人中找到一個，那就算很幸運的了。這樣還不足以讓你質疑你和一般大眾所抱持的程式和信念嗎？

然而，你腦中的程式已經被設定了，你不曾質疑，也從不懷疑，只一昧地信賴傳統、文化、社會、宗教所加諸給你的觀念。如此一來，即使你不快樂，你也早就被教導成那是你的錯，要埋怨的是你自己，而不是那些強加在你身上的想法、文化、思想或信念。更糟糕的是，大部分人已經被洗腦到根本沒發現自己是多麼不快樂——就像身在夢中的人，根本不會知道自己正在作夢！

這些阻擋你快樂的錯誤信念到底是什麼？下面有幾個例子：

第一個錯誤信念：「如果缺少了那些你喜愛的和你認為珍貴的東西，你就不會快樂。」錯了。生活中無時無刻都有能使你快樂的東西。想一想。你之所以不快樂，是因為你只關注那些你沒有的，而不看你此刻所擁有的。

另一個錯誤信念：「幸福快樂只屬於未來。」這也錯了。幸福快樂就在此處、就在當下，你之所以沒發現，是因為你的錯誤信念和被扭曲的認知使你陷入恐懼、焦慮、執念、衝突、內疚，以及一連串被設計好的人生遊戲之中，使你只能將幸福寄託給未來。如果你能看透這些，就會發現你其實是幸福的，只是你不自知而已。

還有一個錯誤信念：「只要改變現實處境和周遭的人，幸福快樂就會來臨。」這不是真的。耗費大量心力去重整這個世界，是多麼愚昧。如果改變世界是你此生的使命，那就勇往直前去做吧，但不要懷著幻想，以為那會使你快樂。讓你感到快樂或不快樂的，根本不是這個世界或是你周遭的人，而是你腦中的想法。

想在自身以外的世界尋找幸福，就像你想在海洋中尋找老鷹的巢那樣不可能。如果你真正尋找的東西是「快樂」，那就停止把你的精力浪費在想辦法治好你的禿頭、打造一副有魅力的肉體、搬家換工作、換團體、換生活方式，甚或是改變個性上面。

你知道嗎，即使你改變了以上所提到的一切，擁有光鮮美麗的外型、魅力十足的個性、最怡人舒適的環境，但還是會不快樂。可悲的是，即使你內心深處知道事情確實如此，你還是會耗費心力，試圖尋找那個你明知不可能帶來快樂的東西。

再一個錯誤信念：「只要一切欲望都獲得滿足，就會快樂。」這也不是真的。事實上，正是這些欲望與執念搞得你緊張、挫敗、神經緊張、不安、恐懼。

列一份清單，寫出你所有的欲望與執著的東西，然後一一對著它們說：「**在我心靈深處我知道，即使我獲得了你，我也不會快樂。**」並且深思這些話中的涵意與真理。欲望的滿足，充其量只能帶來短暫的享受和興奮。不要把它當成真正的快樂。

那麼，什麼才是真正的快樂？很少人知道答案，也沒有人能回答你，因為快樂是無法用任何言詞描述的。你能向一個一生都置身黑暗的人描述什麼是光明嗎？你能向一個處於夢境中的人述說什麼是現實嗎？明白了你所置身的黑暗，黑暗會即刻消失，你便能明白什麼是光明。明白了你所身處的夢魔，夢魔會馬上停止，你就能隨之清醒，回到現實之中。明白了你所抱有的錯誤信念，它們會立即結束，而你便能明白快樂的滋味。

如果人們如此迫切地想要快樂，為什麼不試著去瞭解他們的錯誤信念呢？以下列出兩個主要原因：

第一個原因是，他們從沒想到這些信念（或是信條）是錯誤的，他們把這些當成事實和實相，因而把這些信念深深地設定在腦中。

第二個原因，是他們害怕失去他們唯一熟知的的世界：由各種欲望、執著、恐懼、社會壓力、緊張、野心、焦慮、罪惡感以及隨之而來的短暫快樂、安慰和刺激所建構的世界。想一想，有人不敢走出惡夢，就因為那是他唯一知道的世界。看到這個情況，你是否在其中看見了自己和他人的影像呢。

如果你想要得到永恆的快樂，你得準備好要捨棄、惱恨你的父親、母親，甚至你自己的生命和所有的財物。要怎麼做？不是要你斷然拋棄它們或與它們斷絕關係（因為你越逼自己去放棄，你就越無法擺脫那些事物），而是把它們視為一場夢魘；如此一來，無論你是否擁有它們，它們都已失去控制、傷害你的力量，而你終於能從夢境中醒來，走出黑暗、恐懼和憂愁。

所以，花點時間去審視每一件你執著不放的事物吧，看透這些事物的真相——只是夢魘一場，它一方面使你興奮、享有快感，但另一方面也帶來煩惱、不安、緊張、焦慮和不快樂。

父親、母親是一場夢魘。妻子、兒女也是一場夢魘。兄弟姊妹都是一場夢魘。所有的財物亦是一場夢魘。

你現下的生命，更是一場夢魘。

每件你所執著的東西都在說服你，缺了他們，你就會不快樂——這些東西全都是夢魘。

明白這一點，你就能捨棄、惱恨自己的父親、母親、妻子、兒女、兄弟、姊妹，甚至自己的生命。之後，你就能輕易地捨棄所擁有的一切事物，這也意謂著你將停止依戀，不再執著不放，如此一來他們將不再對你有任何殺傷力。

最後，你將經驗到那難以言喻的神妙奧秘——永恆不變的幸福和平安。同時你將會瞭解，每一個不再依戀執著於兄弟、姊妹、父親、母親、兒女或土地、房舍……的人，將擁有百倍的賞報，並獲得永生。

如果誰來就我，而不惱恨自己的
父親、母親、妻子、兒女、兄弟、姊妹，
甚至自己的生命，不能做我的門徒。

——路加福音14章26節

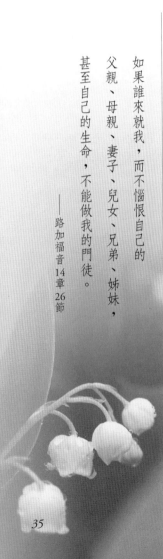

03 被設定的心靈程式

如果你仔細觀察自己為人處事的模式和應對方法，就會發現在你腦中有一套固定的程式，它會要求你許多事，包括這個世界應該如何、你自己應該是何種樣貌，以及你應該想要什麼。

誰該為這個程式負責呢？不是你。真的，不是你決定了你的基本需求、你的欲望、你想要的、你的價值觀、你的品味和你的態度，而是你的父母、社會、文化、宗教和你過去累積的經驗，是它們把操作指令輸進了你的心靈電腦。

現在，無論你年紀多大或去到哪裡，你的電腦總是跟著走，每一天、每個清醒的時刻它都在你腦中活躍地運作著，在生活中專制地要求你和其他人必須依照它所要的。如果它的要求獲得滿足，電腦就容許你平安快樂；如果它的要求得不到滿足，即使這完全不是你的錯，它也會發出負面的情緒使你痛苦。

例如，當別人沒達到你的電腦所期待的，它就會用挫折感、憤怒或尖酸刻薄來折磨你。當事情不在你的控制之下，或未來情勢無法確定時，你的電腦就堅持你要焦慮、緊張、憂心。然後你就得消耗很多精力去處理這些負面情緒。

一般你的處理方式是，花費更多力氣去重新安排或改變周遭的世界，以達到你的電腦所要求的。如果這要求滿足了，你會得到一點短暫不穩的平安——之所以不穩，是因為只要任何時候出了一點差錯（火車誤點、錄音機故障了、信件遲遲不到……任何事情），情況跟你的電腦程式不合，你的電腦就會堅持你非得發脾氣不可。

就這樣，你無奈而可憐地活著，總是生活在各種事情和他人的擺佈、控制之下，努力去迎合你的電腦的要求，以至於你也只能暫時享有從負面情緒抽離的一點點平安，這還是你的電腦和程式賞給你的小小優惠。

有可以遠離這惡性循環的出路嗎？有的。即使短期內你沒辦法改變你的程式，甚至可能永遠都無法改變，但其實你有不必這麼做的方法。

試試這方法：想像你處在一個不開心的狀況，或是跟一個平常你會想避開的人在一起。現在觀察你的電腦是如何本能地活躍起來，要求你避開或試著改變這個狀況。如果你保持不動並且拒絕聽從它的要求，這時再觀察一下，電腦是如何地堅持你得經歷惱怒、焦慮、罪惡感或其他負面情緒。

現在，持續觀察這個不舒服的情況或令你不舒服的人，直到你發現根本不是他們製造了這些負面情緒，無論他們是對是錯、是好是壞，他們只不過是各司其職、各行其事罷了。你的電腦才是讓你產生負面情緒的罪魁禍首（還真感謝你的程式堅持你要用負面情緒回應）。如果你發現有人在面對同樣的人或事件時，是用冷靜、甚至快樂的程式來面對與回應，你就會更看清楚這一點。

請不要停止思考，直到你領會這個真理：**同樣的情況，為什麼你無法冷靜、快樂地回應，是因為你的電腦堅持要你重新塑造現實狀況，以符合它的要求**。這麼說好了，你要像個局外人般地觀察這一切，等你可以做到了，看看在你之內將發生什麼不可思議的變化。

一旦明白了這真理，你就能用你認為最適宜的行動來中斷你的電腦產生負面情緒。你可能會想避開某個狀況或某個人；你可能會想要改變他們；你可能會想強調要尊重你或他人的權利；你甚至可能會訴諸於暴力。你盡可以那麼做，然而，只有讓你的情緒平靜穩定下來，你的行為才能出於自於和平與愛，而不是出自於神經質的欲望，也不是為了滿足你的電腦、迎合你的程式，或擺脫它所產生的負面能量。然後你就會瞭解「那願與你爭訟，拿你的內衣的，連外衣也讓給他。若掌權者要你走一公里，你就同他走兩公里」這話裡面的智慧。

因為，此時你已經很清楚地知道，真正的壓迫並不來自於在法庭上控告你的人或奴役你的權威，而是來自於你的電腦，是它的程式在外在環境不符合它的要求時，破壞了你的平安。我們都知道，有些人即使在集中營裡受盡壓迫，仍能保持快樂！

你要做的是從你的電腦程式中解放自己。只有這樣，你才能經驗到內在的自由。所有的社會革命必由此而來，因為在目睹了社會的不公與邪惡之後，你內心會自然而然地湧起濃烈而有力的情感，這股熱情會促使你採取行動，而這一切都是基於你的本質與現實，而非你的程式或「自我」。

那願與你爭訟，拿你的內衣的，
連外衣也讓給他。
若有人強迫你走一千步，
你就同他走兩千步。

——瑪竇（馬太）福音5章40、41節

04 我一點也不執著於你

你是否曾經意識到，你早已被設定要不快樂地活著，因此無論你如何竭盡所能要叫自己快樂，卻總是失敗、快樂不起來？這就像是你把數學方程式輸入電腦，卻希望螢幕跑出來的是莎士比亞的詩句一樣，不論你試幾次，結果都必然以失敗告終。

如果你想要快樂，你需要的第一樣東西不是努力、善意或善願，而是要清楚地瞭解你是怎樣被設定的。

來看看事情是怎樣發生的吧！首先，你的社會、文化教導你去相信，只要你缺了某些人或某些東西，你就會不快樂。這點只要看看你周遭的人就知道了，人們確實都把生活建立在一個毫無疑問的信念上：只要缺少了某些人或某些東西——錢、權力、成功、肯定、好名聲、愛情、友誼、靈修、神——就會不快樂。那你呢？你認為自己不能缺少的東西是什麼？

接著，你一旦認同了這信念，你自然就會發展出一種執著，認定某人、某物你非有不可，否則你就會不快樂。接踵而來的就是一連串的努力，先追求你認為珍貴的人或事物，找到了就執著不放，然後再付出更多努力，以免有任何失去的可能。這樣一來，你終於陷入依賴中，你讓你所執著、依戀的事物有了操縱你的力量：**擁有時興奮不已，接著便感到焦慮、唯恐失去，失去時則淒慘不堪**。

現在請暫停片刻，思考一下，把你內心所執著的事物通通列出來，不是指抽象的概念，而是具體的人、事、物，把那些導致你成為階下囚的執著之物全部列成清單，你將發現，那可能多到你列不完。

一旦被執著擒住，你就得在醒著的每一分每一秒拼盡全力，為了保有你所執著的事物而去重新安排周遭的世界。這是令人筋疲力竭的工作，以至於你再也沒有餘力處理生活，更別提去享受生命。

這也是不可能做到的工作，因為在迅速改變的世界中，你根本無法去控制它。所以，你擁有的將不會是寧靜、祥和、圓滿的生活，反而淪陷於無奈、焦慮、憂心、不安、懷疑和緊張。

或許在你的努力下，周遭的世界會短暫地配合你，使你獲得片刻的快樂。然而真實的是，你所經驗的瞬間的歡愉，其實根本不是快樂，因為它帶著潛在的恐懼，害怕你煞費苦心將所有人事物都安置得好好的世界會從你的掌控中溜走，而讓你失落不已——但是事情遲早會變成如此，只是早晚問題罷了。

這兒還有一些訊息你可以思索看看：每次你感到焦慮和害怕時，都是因為你可能失去或得不到你所執著的東西，是不是？每次你感到嫉妒時，是不是因為有人奪走或擁有了你所依戀、執著的事物？幾乎你所有的憤怒都來自於別人阻礙你獲取你所執著的事物，不是嗎？

看看當你的執著受到威脅時，你變得如何偏執——無法客觀地思考，眼光和視野變得扭曲——不是嗎？每次你覺得生活枯燥乏味時，是不是因為你自認能帶給你快樂的東西或你執著的事物不夠多？而每次你覺得沮喪和低潮時，理由也很清楚了：生命沒給你足夠的事物，那些你早已說服自己「沒有它們就不會快樂」的東西。幾乎所有你經驗到的負面情緒，都直接來自於你的「執著」。

所以，你一直擔負著執著的重擔，迫切地努力尋求幸福快樂，偏偏又緊捉執著的重擔不放。這是很荒謬的。

悲慘的是，每個人都被教導「為了求得快樂，這是不二法門」——一個確定會產生焦慮、失望、哀傷的法門。不曾有人告訴你以下的真理：為了獲得真正的快樂幸福，你必須做的只有一件事：破除腦中的程式，捨棄你的各種執著。

當人突然遇見這個不證自明的真理時，一想到捨棄執著所帶來的痛苦，他們就變得惶恐而害怕。其實這過程一點也不痛苦，相反的，捨棄執著是充滿樂趣的工作，只要你不是用強制或斷然拋棄的方法，而是仔細觀看，改變想法。

你真正必須做的是睜開雙眼看個明白，**你根本不需要你所執著的那些東西**；那是你被設計、被洗腦而產生的想法，讓你以為你非得擁有某個人、某些東西，否則就不快樂、活不下去。

回想一下，你以前失去心愛的人或物時，你曾是多麼傷心痛苦，多麼確定自己再也不會快樂。可是後來呢？隨著時間的推移，你學會面對處境、重新站起，不是嗎？這經驗足以改變你原先的錯誤信念，破除你的程式在你腦中所耍的花招。

「執著」並不是事實，而是一種來自於既定程式的錯誤信念與迷思。如果那幻想不存在於你的腦中，你也就無從執著了。一旦你腦中沒有那些幻想，你就能不帶執著地愛你所愛，享受與人的相處。

還有其他方式能使你盡情享受快樂嗎？檢視一下你所有執著的事物，然後對腦中浮現的任何人、事、物說：「我一點也不執著於你。我只是自我欺騙去相信，沒有你我就無法快樂。」

誠實地做這功課，然後觀看、察覺你內在所起的變化：「我一點也不執著於你。我只是自我欺騙去相信，沒有你我就無法快樂。」

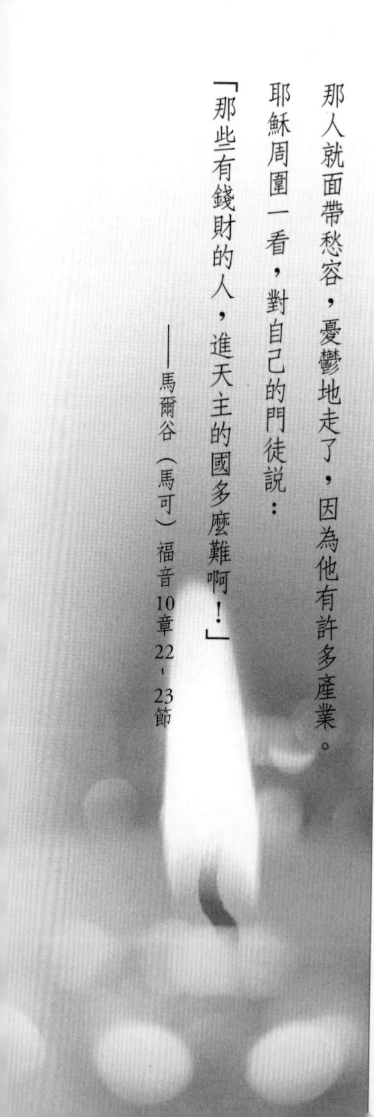

那人就面帶愁容，憂鬱地走了，因為他有許多產業。

耶穌周圍一看，對自己的門徒說：

「那些有錢財的人，進天主的國多麼難啊！」

——馬爾谷（馬可）福音10章22-23節

05 執著的悲劇

人要做什麼才會獲得快樂？事實上，你沒辦法做什麼來獲得快樂，任何人都一樣。為什麼呢？理由很簡單，因為你已經擁有快樂了，你要去哪裡尋求早已存於你內在的東西？

如果真是這麼一回事，那你怎麼沒經驗到已經屬於你的快樂呢？原因就是，你的心靈一直在製造不快樂。去掉你心中的不快樂，那原本就一直屬於你的快樂就會立即浮現。那要怎麼去掉不快樂呢？找出產生不快樂的根由，然後毫不畏縮地正視它，它就會自動消失。

如果你現在仔細小心地看，就會發現只有一個東西會導致人們不快樂。那東西的名字叫做「**執著**」。

執著是什麼？它是一種無法放下的情緒，來自於你相信缺少了某人某物就會不快樂，因而捉住某人某物不放。這執著不放的情緒是由兩個元素所組成，一是積極的，另一則是消極的。積極的元素是當你得到了所執著的事物時，隨之而來那瞬間的快感、興奮和刺激。消極的元素則是它時常伴隨著威脅和緊張感。

想一想，有個在集中營的囚犯狼吞虎嚥地吃著食物；一手把食物送進嘴裡，另一手則要保護食物免得在他不小心時被鄰近的人搶去。你可以從這一幕中清楚看見執著之人的最佳寫照。

所以，執著的本質就是使你陷入情緒的騷動中、變得脆弱、患得患失，且常常使你感到威脅，破壞你內心的平安。因此，你如何期待一個執著的人能夠進入神國的喜樂海洋呢？那就像期待駱駝穿過針孔一樣！

執著的悲劇，就是如果得不到所執著之物，就會不高興、不快樂。然而，得到了也未必就能帶來幸福快樂——那只會帶來瞬間的快感與更多的憂心，且常常伴隨著害怕可能失去所執著之物的焦慮感。

你也許會說：「我不能保留一個執著嗎？只保留一個就好。」當然可以，你要保留多少，就保留多少。可是別忘了，每保留一個執著，你就得等量地付出失去快樂的代價。

想想看：執著的本質，就是即使你一天中滿足了許多個執著，沒被滿足的那一個就會在你腦中興風作浪，使你無法快樂。沒有任何方法可以戰勝執著。就像你伸手摸水，手就一定會沾溼一樣，沒有任何人能想出方法，可以一邊保有執著，卻可以免除掙扎、焦慮、恐懼，以及那遲早必遭逢的挫敗。

只有一種方法可以戰勝執著，就是放下它們、把它們丟了。和一般所認知的相反，放下執著其實並不困難。你所該做的只是「看」，真正地看清以下真理。

第一個真理：你所緊捉不放的是錯誤的信念——相信只要缺少了某人或某物，你就會不快樂。不妨審視你的每一個執著，看清這信念的錯誤之處。在這過程中你可能會心生抗拒，但是一旦看清真相，你內心會立刻產生情緒反應的結果，執著也會頓時失去它的力量。

第二個真理：如果你只是單純地享受事物，不讓自己受其牽制、陷於執著之中，也就是你拒絕保持錯誤信念，也不相信你缺了它們就會不快樂，那你就不用為了保護它們而掙扎、緊張、白費許多力氣。你可曾想到，你可以保留所有執著、依戀的事物，不用放棄它們，還可以盡情地享受它們嗎？因為現在的你已經能以一種平安、寧靜、不受脅迫、不緊捉不放的心態來面對它們了。

第三個真理：如果你能享受千朵花兒的香味，就不會緊捉其中一朵不放，或因為得不到它而痛苦掙扎。如果你擁有千道喜愛的佳餚，錯失一道根本不會影響你的快樂。可是，正是你的執著，阻擋了你發展對人對物的更寬廣、更多元的品味。

在這三個真理的光照下，沒有執著能存活下去。但若想要真正有效的話，真理之光必須持續照耀才行，因為執著只能在幻覺的黑暗中生存。富人之所以進不了天主的國，不是因為他不善，而是因為他選擇了盲目。

駱駝穿過針孔，
比富人進天主的國還容易。
——馬爾谷（馬可）福音10章25節

06 讓我自由地做我自己

在人際關係上人們常犯一種錯誤，就是想要在充滿變數的生命河流中，建築一個穩固的窩巢。

想一想，如果有某個人，你很渴求他的愛，那你是不是希望自己在這人心目中是重要、特殊的？是不是希望自己在他的人生中占有與眾不同的地位？是不是希望這人特別照顧你、關心你？

如果是，請張開你的眼睛看清楚，你正愚蠢地邀請他人，讓他們為了自己的好處而留下你，限制你的自由，控制你的行為、成長和發展，以配合他們的需求。這就像那個人對你說：「如果你想成為我心中特別的人，你就得滿足我的條件。因為一旦你達不到我的期待，那你就不特別了。」你想成為某些人心中「特別的人」，不是嗎？所以你勢必付出失去自由的代價。你勢必要按照他人的曲調而舞，而他人如果想成為你心中那個特別的人，也必須按照你的曲調而舞。

暫且停下來，問問自己，為這樣一點點好處，值得付出這麼大的代價嗎？當你碰到你想獲得他特別關愛的那個人，想像一下你對他說：「**請讓我自由地做我自己吧！讓我依我的理念思考，依我的喜好享受，依我的意向做事，依我想要的方式行動！**」

當你這麼說的當下，你就知道你想要的這些是不可能達成的。因為想成為某人心中特別的人，就意謂著要去取悅、迎合那個人，你就因此失落了你的自由。請多花一些時間好好地明瞭這一點。

或許現在就是你該這麼說的時機了：「我寧願擁有自己的自由，而不是你的愛。」

如果現在有兩個選擇，一個是有同伴陪你一起在監獄坐牢，另一個是獨自一人在大地上自由前行，你會選擇什麼？現在就對那個人說：「我讓你自由地做你自己，依你的理念思考，依你的喜好享受，依你的意向做事，依你想要的方式行動。」

當你說出這些話時，記得觀察自己是哪一種反應：如果你內心抗拒這些話，就顯示你可能是個依附者和剝削者，所以現在正是檢視你的錯誤信念的最好時機，審視自己是不是錯誤地相信「缺了某人就活不下去或快樂不起來」。如果你是發自內心、真誠地說出這些話，在此同時，所有的控制、操縱、剝削、占有、妒嫉就會紛紛脫落，離你遠去。

然後你會覺察到，那個你認為對你很特別和重要的人，對你而言已不再特別、不再重要了。他對你的重要，變得像是落日美景或交響樂本身就令人喜愛一般；也像是一棵樹的特別是在於它本身的特別，而不是因為它為你帶來的果實或樹蔭。同樣的，你所愛的已不再屬於你，而是屬於每個人，或根本不屬於任何人，就如同落日和樹木一般。

　試著再說一次這段話，並且細細品味其中含意：「我讓你自由地做你自己，依你的理念思考，依你的喜好享受，依你的意向做事，依你想要的方式行動。」藉由說出這些話，你已經釋放了你自己，你現在已經有所準備，可以去愛了。因為當你還身陷依附與執著的時候，你給對方的不是愛，而是將你和你所愛之人綑綁在一起的鎖鏈。

　愛只能在自由中存在。真正懂愛的人會為了所愛之人著想，讓他從對自己的依附中解放，獲得真正的自由。

狐狸有穴，天上的飛鳥有巢，
但人子卻沒有枕頭的地方。
——瑪竇（馬太）福音8章20節

07 乞丐的贈禮

想想某個你不喜歡的人——某種你通常會避開的人，因為他的出現會使你產生不舒服的感覺。想像你現在就出現在這個人面前，然後觀察自己負面情緒的升起……可以想見的是，你現在可能正站在某個貧窮、殘障、瞎眼或瘸腿的人面前。

現在，請瞭解一件事：如果你邀請這個人——來自街邊的乞丐——進入你家，來到你的面前，他會帶給你一樣禮物，是你那些魅力十足、討人喜歡的朋友所沒辦法給的（無論他們多富裕）。這個人將帶給你機會，讓你瞭解你自己和人性的本質——這樣的啟示和聖經裡任何一個啟示同樣珍貴。如果你讀遍所有經書，卻不認識你自己，活得像機器人，那認識聖經對你有什麼好處？這個乞丐帶來的啟示將會拓寬你的心靈，讓你的心寬廣到足以包容世上所有的受造物。還有比這更好的禮物嗎？

當你正在升起負面反應時，觀察自己，並問自己以下問題：「是我掌控這個狀況，還是狀況掌控了我？」這是第一個啟示。接著來的第二個啟示是：想要掌控狀況，就是要掌控自己，而你顯然並沒有做到。那要如何做到呢？

你要做的只有一件事，就是瞭解在這世上有人即使處在和你同樣的狀況，也不會因此產生負面的反應。他掌控了狀況，並超越了它，而不是像你一樣被這個狀況所掌控。所以，你的負面情緒並不是像你以為的那樣，是由他人所造成的，而是來自於你的程式。這就是第三個啟示，也是最重要的啟示。當你瞭解這一點時，看看有什麼事情會發生。

既然你已經接受了關於你自己的啟示，接著就來聽聽關於人性本質的啟示。你知道嗎？當他人的行為或人格特質引起了你的負面反應，他並不需要為此負責。如果你誤認為對方是自由且清醒的，所以他們得負責，那你就抱著你的負面情緒不放吧！可是，有誰是清醒著作惡呢？做惡事或成為惡人都不是自由，而是一種缺少意識感和敏感度的疾病。真正自由的人不會犯罪，就像神不會犯罪一樣。在你面前的這個可憐人，他是個殘障、瞎眼、瘸腿的人，不是如你所想的固執、可惡之人。

要明白這個真理，堅定、深切地注視它，你將會發覺你的負面情緒逐漸轉化為溫柔與慈悲。突然間，你的心靈有了空間，可以容納某個被你、被他人驅逐到窮街陋巷的人了。

現在你已領悟到，這個乞丐是帶著贈禮來到你家的，他讓你在慈悲中拓寬了你的心，釋放了你，使你自由。之前你習以為常地被掌控（本來那些人有能力讓你產生負面情緒，你只能設法避開他們），如今你已得到自由的贈禮，不須避開任何人，可隨意到處去。當你看清這一點，你就會發覺你心中除了對這個乞丐的慈悲之外，又增添了對他的感激之情，他成了你的恩人。

同時，還會有另一種你不熟悉的感受在你心中升起：你確實地感覺到自己內心有一種渴望，會時時想和那些為你帶來成長的殘障、瞎眼、瘸腿之人同在，就像學游泳的人時時想下水一樣。因為之前你與他們相處時一直感受到的壓迫和暴躁的負面情緒，如今都已轉化為海闊天空的慈悲和自由。

你會幾乎認不出現在的自己，然後看到自己遵照家主的指示，到城中的大街小巷，把那些貧窮的、殘廢的、瞎眼的、瘸腿的，都領到這裡來！

家主就生了氣，給僕人說：
你快出去，到城中的大街小巷，
把那些貧窮的、殘廢的、
瞎眼的、瘸腿的，都領到這裡來。

——路加福音14章21節

08 看見真實的世界

人們說，愛是盲目的。是這樣嗎？事實上，世界上沒什麼比愛更清明透澈了。盲目的不是愛，而是執著。執著源自於錯誤的信念，以為快樂就是緊捉著某人或某物不放，認為他們絕對不可或缺。你有任何執著的東西嗎？不論是人、事、物，你是否錯誤地相信缺少了他們就不會快樂？在接下來探討它們是如何使你變得盲目之前，先把你所有的執著事物列個清單。

想一想，如果一個政客已經說服他自己，沒有政治權力就沒有快樂，那他對權力的野心與追求，將會磨掉他對生活中其他事物的敏銳度。他幾乎沒留時間給他的家庭、朋友。不知不覺中，他看待和回應所有人的角度都以自己的野心為基準，只分成支持者和威脅者，至於那些沒威脅到他又不能支持他的人，他根本就不放在眼裡。如果他除了權力欲之外還有其他執著的事物，例如性和金錢，這可憐傢伙的視野就會變得更加狹窄，幾乎可說是瞎了。而這樣的情況，人人都看得很清楚，只有他自己看不見。也因此他拒絕救主，拒絕真、善、美，因為他已盲目，無法看清。

想像一下，你正在聽一場管弦樂的演奏，演奏中鼓聲特別響亮，淹沒了其他樂器的聲音。然而，要享受一場交響樂，你應該要能聽見管弦樂團中每個樂器的演奏。同樣地，要處在所謂愛的情境中，你就要對你周遭每個人、每件事、每樣物品的獨特與美好都一樣敏感。你一點都沒注意到的事物，就根本談不上什麼愛。如果你只注意某些人而排除其他人，那也不是愛，因為愛是不排斥的。愛擁抱的是生命的整體，是聆聽交響樂團整體的演奏，而不是選擇其中一兩樣樂器。

現在，稍微暫停下來，看看你的執著是如何消耗你生命的交響樂，就如同政客對權力、商人對金錢的執著僵化了他們的生命曲調。或者換個角度看看：龐大的資訊洪流從世界各地不斷流進你的感官、身體與器官細胞，其中只有一小部分得以進入你醒覺的心靈。就如同有無數回饋要傳達給國家的元首，但最後傳到他耳裡的只有一小部分一般。總統的辦公室裡有專人為他過濾、篩選，那麼為你篩選資訊的又是誰呢？到底是誰決定了那麼多來自世界各地的資訊，最後是什麼要進入你醒覺的心靈？

為你決定的過濾網有三個：首先，是你的執著。再者，是你的信念。第三，是你的恐懼。

你的執著：你會無法自拔地只關注那些有利或威脅到它們的事物，對其他的東西則完全無視、興趣缺缺。就如同一個貪得無厭的商人對與賺錢無關的任何事物都毫無興趣一般。

你的信念：只要觀察那些盲信者或狂熱分子就知道了。他們只注意那些附和他們、可以證實他們所信的事物，對於那些會威脅到他們所信的事物，則是全部擋掉。由此可知你的信念對你所起的作用。

你的恐懼：如果你知道自己一週內就要被槍斃，這資訊足以使你切斷所有訊息的洪流，只專注於它。這就是恐懼的本事：它會使你無法抗拒地排除一切注意力，只盯著它看。

你錯誤地相信是恐懼保護你；是你的信念塑造了現在的你；是你的執著讓你的生活充滿刺激、安全無虞。你卻看不到它們其實是遮擋在你和生命交響樂之間的屏障。

當然，人不可能完全注意到生命交響樂的每一個音符。然而，如果你的靈魂通暢無礙、眼目開啟，你就能看到事物的真實面貌、與生命實相互動交流，如此一來，宇宙的和諧就會進入你的內心。到那時，你就會真正地認識神，因為你終於知道了什麼是愛。

從這個角度再看一看：你所看到的不是人與事物的真實面貌，你看到的是自身的投射。如果要看到事物的真實面貌，你得先處理自己的執著和執著所引發的恐懼。因為當你在看待你的生命時，這些執著和恐懼會決定你要看到什麼、忽視什麼。不論你注意什麼，都會受到它們的擺佈。既然你的視野已經是有選擇性的，那麼你所看到的周遭人事物也會是扭曲的幻相。你越活在這樣扭曲的幻相裡，就會越相信這是世界的唯一真相，因為執著和恐懼會不斷地過濾傳遞進來的資訊，只強化它們想讓你看到的部分。

這就是你的錯誤信念的根源：以固定不變的方式看待變化不已的無常實相。因此，你所愛並與之互動的世界已不是真實的世界，而是你的腦袋所創造出來的世界。只有當你捨棄那餵養它們的錯誤信念、執著和恐懼，你才能從那讓你對自己、對世界都耳聾目盲的麻木冷漠中釋放出來。

我是為了判別，纔到這世界上來，
叫那些看不見的，看得見；
叫那些看得見的，反而成為瞎子。
——若望（約翰）福音9章39節

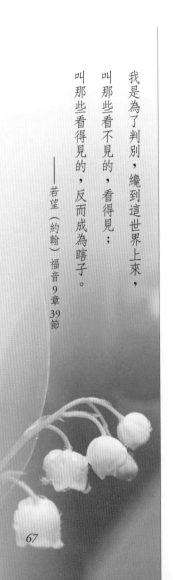

09 修復你的心

想像你有個收音機，無論怎麼轉，你都只能收聽到一個電台的廣播。你也無法控制它的音量，有時聲音小到聽不見，有時又大到幾乎震破耳膜。更過分的是你還不能關掉它。它有時速度會變慢，而當你要休息睡覺時，它卻會突然響徹雲霄。誰能忍受這樣的收音機呢？然而，當你的心靈表現地像這個收音機那樣瘋狂的時候，你不但能忍受，還認為這是正常的，覺得人性就是這樣。

想一想，你有多少次因為情緒翻滾難平，被憤怒、憂鬱、焦慮給折磨得極度痛苦。不論哪一次、哪種狀況，都是因為你的心已被這些想法釘住：想得到手中沒有的；緊捉不放手中有的；逃避你不想要的。你雖然在戀愛中，卻又有被拒絕、嫉妒的感覺；突然間，你的心神全部貫注在這點上，生命的筵席在你口中都成了煙灰。你下決心要贏得選戰，在喧囂的選戰中，絕無可能聽到鳥兒的鳴唱：你的野心淹沒了一切聲音。你還要擔心會不會有得到重大疾病或失去所愛之人的可能，然後你發現自己除了這些，已無法專注於任何事物。

簡而言之，一旦你拾起執著，你所擁有的可愛心靈就功能全毀了。如果你想修復你的收音機，你就必須先學習收音機的機械原理。如果你想修復你的心，你就必須認真仔細地思考下面四項使你自由的真理。但在這之前，先找出一些煩擾你的執著：你緊捉不放的東西、你擔心害怕的東西、你一心渴求的東西。把這些執著放在心中，然後聆聽這四項真理。

第一個真理：在幸福與執著之間，你必須擇其一，不能兩者都要。在你選擇執著的那一刻起，你的心就脫離了良好狀態，你想過幸福寧靜的生活也不再可能。檢視一下自己過去的經驗，當你挑選執著時，結果是否就是這樣！

第二個真理：你的執著來自何處？它不是與生俱來的。它來自社會文化告訴你的一個謊言，或是你告訴你自己的一個謊言：缺少了某人、某物，你就不能快樂。張開眼睛看看這是多大的錯誤。有成千上百的人並不擁有那些人事物——那些你缺少了會渴求不已、認為沒有那些就活不下去的東西——卻仍然十分快樂。所以作個選擇吧！你到底想要執著，還是想要自由和快樂？

第三個真理：如果你想充分地活出生命，就得發展你的洞察力。生命是無限寬廣的，遠超過那些你執著不放、會破壞你內在平安的瑣碎小事。瑣碎小事，是的，如果你活得夠久，終有一天這些瑣碎小事對你而言將不再重要，甚至不再被你記憶——你自己的經驗可以肯定這一點。就像今天你已不再被昔日曾煩擾你的瑣碎小事所影響，甚至不再記得了。

第四個真理是必然的結論：除了你自己，沒有任何人、事、物能使你快樂或不快樂。無論你覺察與否，無論在任何情況下，決定是否要緊捉著執著不放、決定要快樂或不快樂的都是你自己，也只有你能決定。

當你思索這些真理時，你可能會發現你的心在抗拒、爭辯、拒絕正視它們。這表示你因執著而受的苦還不夠深，所以你還沒想去修復你的心靈收音機，否則你的心就不會抗拒這些真理。

如果是這樣，就喜樂吧！因為悔改——心靈的重塑——已經開始，天主的國度，也就是如赤子般充滿感恩與自由的生命，終於來到你眼前，你就要得到並擁有它了。

你們悔改罷！
因為天國臨近了。
——瑪竇（馬太）福音4章17節

10 聆聽完整的生命交響樂

想像你正在音樂廳內聆聽絕妙優美的音樂，突然想起車子的門忘了上鎖。你心裡因為車子的事而焦慮，但你又不能走出音樂廳，結果是你也沒辦法繼續享受音樂了。這樣進退兩難的情景，就是大多數人生活的完美寫照。

對那些願意靜心聆聽的人來說，生活是一首交響樂；但說真的，能聽到音樂的人少之又少。為什麼呢？因為人們忙著聽各種噪音，聽那些程式輸進他們腦袋裡的噪音。此外還有一個，就是他們的執著。執著乃是生命的主要殺手。

要真正地聆聽交響樂，你必須對樂團中每個樂器都同樣敏銳。如果你只對鼓有興趣，你就聽不到整首交響樂，因為鼓聲淹沒了其他樂器的聲音。你可以特別喜歡鼓、小提琴或鋼琴，這無妨，因為偏好並不會影響你聆聽和欣賞其他樂器的能力。然而，當「偏好」變成「執著」時，它會讓你聽不到其他樂器的聲音，你也會因此貶低它們的價值。你的偏好使你變得盲目，變得只看重你認為特別的那個樂器，覺得只有它才有價值。

看一看你所執著的人或物：你給了他們掌控你快樂或不快樂的能力。觀察一下你是如何地非得到某人或某物不可，得到前，你只專注於他們；得到後，則是緊抓不放，而排斥其他的人事物。你又是如何地因為沉迷於某人或某物而減損了你的感性，再也感受不到這世上其他的美好事物。因此，你的心變得堅硬而冷酷。

鼓起勇氣，勇敢地看看自己吧！當你面對自己所執著的事物時，你變得多麼充滿偏見、多麼盲目。

當你看透了這一點，就會想要捨棄所有的執著之情。問題是，要如何付諸行動呢？拒絕承認和逃避是無濟於事的，想去遮掩鼓的聲音，就跟只專注於鼓的聲音一樣，只會再次使自己的心靈變得麻木、遲鈍。你所需要的不是拒絕承認，而是「瞭解」和「覺知」。

如果你的執著已使你痛苦難過，那有助於你去瞭解。如果你有生之年曾享有一次自由的甜蜜滋味、品嘗過「無所執著」所帶來的生命喜悅，那更會幫助你去理解。試著去聽生命的交響樂團中其他樂器的聲音，也會很有助益。但是，「覺知」這項功課是無可取代的，因為只有覺知才能讓你知道，過度看重鼓聲而對樂團其他聲音充耳不聞，會帶給你多大、多深的失落與痛苦。

有一天，當你放下對鼓聲的執著時，你不會再對你的朋友說：「你使我多麼快樂。」因為這麼說是在討好、助長對方的「自我」，是想用這種方式操縱對方，讓他願意再次取悅你、讓你快樂。這同時也會讓你自己產生錯覺，以為你的快樂全是你的朋友給的。

所以，你應該要說：「當我們相會時，是多麼快樂。」這樣一來，這份快樂就不會受到你們「自我」的汙染，誰也不獨占這份功勞。

不占功勞可以讓你們不陷入互相依附、彼此執著的關係中，因為你們已經瞭解相會的喜悅不是因為你還是他，而是你們共同譜出的美好交響樂。

當你繼續往前走，遇上另一個人、另一個工作或另一種狀況，你用同樣的心態去應對，然後你會驚喜地發現，你和他們之間也有新的交響樂響起。就這樣，繼續在下一個地方譜出不同的美好樂曲吧！

現在，你已能自由自在地悠遊於生命中，順著人生的波浪前進。你已經知道如何活在當下，專注於此時此刻。沒有了過去的負擔，你的靈魂輕得能夠穿越針孔；你的內心也不再充滿對未來的焦慮，就像天上的飛鳥、田野的花兒那般快樂。不再執著於任何人或物，因為你已經學會如何品味你的生命交響樂曲。

你會全心、全靈、全力地熱愛生命。你會發現自己毫無妨礙、步履輕盈，如天上的鳥兒般自由自在，隨時都活在永恆的當下。此時，「師傅！我該行什麼『善』，為得永生？」這問題的答案，將會自然地浮現於你的心中。

師傅！我該行什麼「善」，為得永生？

——瑪竇（馬太）福音19章16節

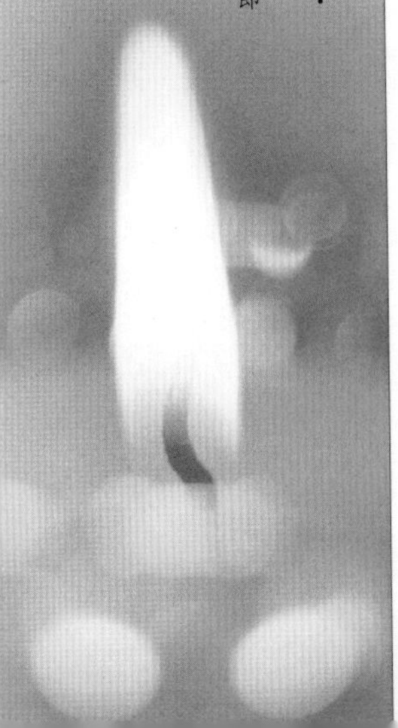

11 衝破執著的牢籠

想像一個肌肉鬆弛的人，身上帶著層層的贅肉。你的心靈也可能變成那個樣子——鬆弛，覆著一層層的贅肉，因而變得遲鈍，懶於思考、觀察、探索、發現，也失去了它的靈敏、活力與反應力，好像睡著一般。

看看周遭的人，你會看見幾乎每個人的心靈都是這樣遲鈍、昏沉，被層層贅肉包裹著，不想被打擾，也不想醒過來。

那一層層的覆蓋物是什麼？那就是你所抱持的信念，你對每一個人、事、物所下的定論，你的每一個習性，你的每一個執著。

本來，早在你成長受教育的階段就該有人幫助你刮掉這些覆蓋層、釋放你的心靈，然而社會和文化卻第一個把這些覆蓋層裝進你的腦袋中，教育你不要去理會它們，讓你的心靈陷入沉睡，讓所謂的專家——政客、文化和宗教導師——來替你思考。所以，你身上背負著層層重擔，被一層層未經檢視、不曾受質疑的權威和傳統給壓得喘不過氣來。

讓我們一層一層地檢視它們。

第一層，你的信念：如果你是以一個共產主義者或資本主義者的身分自居，或是以一個伊斯蘭教徒、猶太教徒（或任何宗教、族群）的身分來經驗生活，那你的生活可能是有成見和偏頗的，因為生命的實相與你之間隔了一層障礙、一層贅肉，你因此再也無法直接地看見、碰到生命的實相。

第二層，你的觀念和成見：如果你總是對某人堅持某種看法，那你愛的並不是那個人，而是你對那人所持有的觀念。每當你看到、聽到那人以某種方式說話、做事，你就給他貼上標籤：「她好愚蠢」、「他這人很無聊」、「他好殘忍」、「她非常討人喜歡……」等等。

就這樣，現在你與這人之間有了一個過濾網——又一層贅肉，因為在下次見面時，你就會用這既定的成見來看待他們，即便他們已經改變了。好好觀察你自己，是不是幾乎對每一個人都這麼做。

第三層，你的習性：習性對人類的生活是很重要的。若不是仰賴我們的習性，我們要怎麼行動、說話、開車呢？然而，習性應該只限於機械性的事物，而不適用於愛或看待人事物的眼光。

誰會想要一份習慣性的愛？你曾坐在海邊看海，為了海洋的壯麗與神奇而深深著迷嗎？漁夫天天看著海，卻從未注意到它的宏偉壯麗。為什麼呢？那層讓漁夫變得遲鈍、麻木的東西，就是「習性」。

在日常生活中，你每看一樣東西，就會有固定的觀念形成，以後你再碰到它們時，你看見的就不是它們改變過後的新鮮面貌，而是透過你的習性所形成的成見——枯燥無聊、一成不變。

這就是你處理人、事、物的模式，你與它們的關係也始終如此：毫無新鮮感可言，只有習性所造成的單調乏味、沒有新意。你對人、對世界都用固定的習性去應對，就像把腦袋交給自動駕駛然後就昏睡一般，所以當然沒有能力用更具創意的方式來看待世界和他人。

第四層：你的執著與恐懼。這一層是最容易觀察到的。只要對任何人、事、物披上執著和恐懼的外衣，就能立即切斷你看清對方真實面貌的視線。只要回憶一下某個你不喜歡、害怕或執著的人，你就會明瞭這一點。

現在你再看看自己：你是如何地被囚禁在一個牢房裡，這牢房是由社會的信念與傳統以及你的過去經驗所形成的觀念、成見、執著和恐懼所建造出來的。層層疊疊的高牆圍繞著你的牢房，你看似不可能衝破那堅固的圍牆，接觸監獄堡壘外豐美的生命、愛和自由。然而，這不是不可能的事，事實上那可能是簡單而有趣的。

你要怎麼做才能衝破牢籠呢？有以下四個方法：

一、承認自己已被囚禁在圍牆高聳的牢房內，心靈陷入昏睡：大部分人連這點都意識不到，他們只好就這樣終老在牢房裡。另一部分的人適應了牢獄中的生活，淪落為只知遵循習俗、奉行成規的人。極少數的人成為改革者，他們為了爭取在牢房中有更好的生活條件（比如更好的照明燈光、更好的通風設備）而奮戰。

幾乎沒有人要成為拆毀監獄、打破牢牆的反抗者與革命者。想要成為革命者，你必須先看見囚禁你的監獄圍牆。

二、仔細凝視你的圍牆：用足夠的時間單純地觀察你自已的觀念、習性、執著與恐懼，不作任何判斷和譴責。只要正視它們，它們就會崩解。

三、花時間觀察周遭的人、事、物：不只是看，而是專注地觀察，就好像你是第一次看見這位朋友的臉龐、這片葉子、這棵樹、這隻受驚嚇的鳥，以及周遭之人的行為和獨特作風。真誠地觀看他們，希望你會看到潛藏在他們表相之下，沒有你先入為主的想法和習性的真實樣貌。

四、安靜地坐下，觀察你的心靈如何運作：這是最重要的一步。在你的心靈河流中，有一股股思想、情緒、反應不停流動著。花一段時間注視它們，觀看整個過程，就像是注視一條河或看一場電影。不久你就會發現，它們比其他河流或電影更引人入勝、更具生命力、更令人解放。

說到頭來，如果你連對自己的思維和反應都毫無意識，能說你是個活著的人嗎？有人說，缺少覺知的生命是不值得活的。那甚至不能稱之為生命，只是機械性的、像機器人一般的存在；那只是一場昏睡，毫無所覺，就像死了一般；而人們竟然稱之為人生！

所以，看、觀、問、探究，然後你的心靈就會甦醒過來，卸除它的層層贅肉而變得敏銳、醒覺、活躍。囚禁你的牢房圍牆也就會倒塌，直到聖殿沒有一塊石頭留在另一塊石頭上，而你將蒙受祝福，毫無滯礙地直視生命中各種人、事、物的本質，經驗真正的實相。

門徒前來把聖殿的建築指給他看。
耶穌回答他們說：
「你們不是看到這一切嗎？我實實在在告訴你們：
將來這裡決沒有一塊石頭留在另一塊石頭上，
而不被拆毀的。」

——瑪竇（馬太）福音24章1，2節

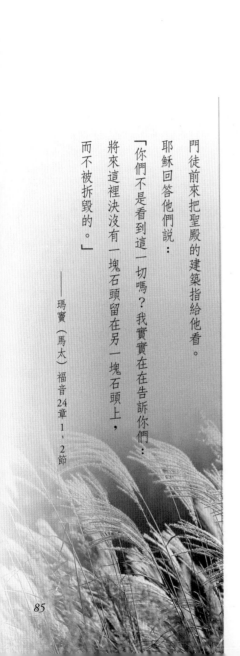

12 真正的善

行善就像快樂和神聖一樣。你不可能說「我很快樂」，因為在你意識到快樂的那瞬間，你的快樂就消失了。你所謂的快樂體驗其實不是快樂，而是某人、某事或某物帶給你的興奮和歡愉。真正的快樂是沒有緣由的，也不能被經驗，它不屬於意識的範圍，是一種「無我意識」（unself-consciousness）。

神聖也是如此。當你一意識到你的神聖，神聖就變質了，變成一種自命清高。一件善行之所以為善，是因為你不知其為善——你只是非常喜愛這麼做，一點也不覺得自己有什麼善啊、道德之類。就像是你的左手不知道你的右手做了什麼善事或值得稱讚的事。你只是去做，順其自然而行罷了。

花點時間去覺察這一點：所有你能在自己身上看到的善德都不是善德，而是你精心培植出來強加在自己身上的東西。如果是真正的善德，你會非常自然地樂在其中，根本沒去想到什麼善啊，道德啊。所以神聖的第一個特質，就是「無我意識」。

第二個特質就是不須費力、不刻意為之，也就是「無為」。努力可以改變你的行為。卻不能改變你這個人。你可以這樣想：努力可以把食物送進口裡，卻不能產生食慾；可以讓你躺在床上，卻不能製造睡意；可以使你把秘密告訴他人，卻不能產生信任；可以強迫你恭維他人，卻不能產生真正的敬仰；可以讓你去做服務性的行動，卻無法產生愛與神聖。你的努力所能做到的是壓抑，而不是真正的改變與成長。

只有理解和覺察才能帶來改變。瞭解了你的不快樂，它就會消失，而快樂就會隨之而來。瞭解了你的傲慢，它就會脫落，而謙虛就會自然來到。瞭解了你的恐懼，它就會融化，而愛也隨即產生。瞭解了你的執著，它就會消滅，然後你就能體會自由的滋味。愛、自由和快樂都不是你能培養成製造出來的，你甚至不知道它們是什麼。你能做的，只是觀察它們的另一面，直到另一面死亡、消失。

神聖的第三個特質：不可強求。如果你渴求快樂，你一定會倍感焦慮，唯恐得不到它。你會處在持續的不滿足中，而焦慮和不滿足會抹殺你一心渴求的快樂。同樣地，當你渴求神聖時，你正是以貪婪和野心餵養自己，使你陷於自私、自負和不聖善之中。

有件事你一定要瞭解：**你的內在有兩個可以使你改變的資源**。一個是你「自我」中狡詐的部分，它迫使你努力變成一個你本不該成為的樣子，讓它可以自我膨脹、自我炫耀。另一個則是「天賜的智慧」。感謝這智慧，有了它，你才能有所自覺和理解。你所要做的是，把改變——包括改變的方式、態度，速度，時間——都託付給實相與上天。

你的「自我」是個技巧純熟的工匠，可是它卻沒有創意，只會遵照固定的方法和技巧生產所謂的聖人——他們苛刻而不知變通、機械化、毫無生氣、對他人和自己都不包容——這樣的凶暴之人，正是愛與神聖的相反。就是這些自認為神聖的屬靈之人，殺害了人們的救世主。

「天賜的智慧」則不是一個技工，它擁有創意。你可以成為一個創造者，而不是一個只知技巧的工匠，只要你有所捨棄，捨棄貪欲、沒有野心、沒有焦慮、不會只想著爭取、勝利、獲得，然後將這些換成一顆敏銳、警醒、充滿洞察的覺知之心，它將消融所有的愚蠢、自私、執著和恐懼。

隨之而來的改變，將不是來自於你的計畫和努力，而是無視於你所有計畫和努力的自然智慧的果實。此時，已經沒有功績與成就的空間了，而生命的實相藉著你的右手所成就之事，你的左手也將不再知曉。

當你施捨時，
不要叫你左手知道你右手所行的。
——瑪竇（馬太）福音6章3節

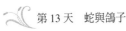

13 蛇與鴿子

觀察一下鴿子、花朵、樹木和整個大自然所展現的智慧。就是這同樣的智慧在我們身上運作著我們的頭腦所做不到的事：血液的循環、食物的消化、心臟的跳動、肺臟的擴張、身體的免疫、傷口的癒合，而在此同時，我們清醒的意識心靈則在進行其他的事。直到現在我們才發現，在那些如鴿子般純樸又聰明的原始部族身上，就具備著這種天賜的自然智慧。

我們這些自認更先進的人則發展了另一種智慧——精明狡黠的頭腦，我們認為這種智慧能夠改善自然、提供安全和保護、延長壽命、讓我們享受原始部族不曾體驗過的舒適和有效率的生活。對於這一切，我們要感謝頭腦的高度發展，但如今我們面對的挑戰是：要如何重新得回鴿子的純樸和智慧，卻不失蛇的精明狡黠？

要怎麼做呢？可以透過一個重要的領悟，就是明白當你想用違反自然的方式去改變自然時，勢必會傷害自己，因為自然就是你的存在本質。這就像你用右手打左手，或是右腳踩在左腳上一樣，只會兩敗俱傷，陷於矛盾衝突之中。

世界上大部分人都處在這樣的情況。看看他們：死氣沉沉、毫無創意、動彈不得，因為他們想以違反自然的方式改善自身，因而陷入與自然本質的衝突中。回歸自然的本質吧！想與自然抗爭，她勢必遲早消滅你。所以，其中的訣竅就在於與自然保持和諧，在和諧中改善自然。那要如何與自然和諧共處呢？

首先，想想在你的人生中或個性上，有什麼是你希望改變的。你是否曾經想靠努力強制改變你的本性，好讓自己符合「自我」的期待與計畫？這就是你內在的蛇與鴿子在激烈對抗著。還是你會安於用學習、觀察、理解、覺知現況和問題、不莽撞的方式，不強迫事情按你的「自我」所願，而讓實相依循自然的法則（而非你的程式）來讓改變發生呢？這就是你內在的蛇與鴿子完美地相輔相成的結果。

看看你正面臨的問題和你希望自己有的改變，同時觀察你處理這些的方式。觀察一下當你想要自己或他人有所改變時，你用的是怎樣的方式：藉著賞罰、紀律、控制、說教、罪惡感、貪婪、驕傲、野心和虛榮，而不是藉著慈愛地接納、耐心、苦心的理解，以及清醒的覺知。

其次，想想你的身體，並與順著自然習性的動物相比較。動物從不過重，除了戰鬥或正要展翅飛翔前也從不緊張。牠們從不吃喝對自己不好的東西，牠們做一切身體所需要的運動和休息。牠們適度地暴露在自然元素之下，接受風吹、陽光、雨露、熱與冷的洗禮。這是因為動物聆聽牠們的身體，並容許自己由身體的智慧來帶領。

把這樣的智慧與你自身愚昧的精明狡黠做個對比。如果你的身體會說話，它會對你說什麼？好好觀察一下，當你追逐「自我」所計畫的目標時，那些貪婪、野心、虛榮、愛現、取悅他人、罪惡感……迫使你不去理會身體的聲音。確實，此時你已失落了鴿子的簡單與純樸。

第三，問問自己，與大自然有多少的接觸？對於樹木、大地、綠草、天空、風、雨、陽光、花兒、鳥和動物，你是否時常置身於自然之中？你與大自然有多少交流？你是否在驚歎中凝視她，在她之中找到自己，與她融為一體？

當你的身體遠離大自然的元素太久，它會日漸凋零而變得鬆散、脆弱，因為你已隔絕於生命的動力之外。同樣地，當你的靈魂與大自然分離太久，它也會因為脫離自己的根而凋零死亡。

要機警如同蛇，
純樸如同鴿子。
——瑪竇（馬太）福音10章16節

14 猛力奪取的人

比較一下，一朵盛開的玫瑰所擁有的單純而安詳的光彩，以及你所擁有的充滿緊張與不安的生活。玫瑰花有你所沒有的恩典：它完全滿足於自己的所是。它沒有和你一樣，從出生起就受到程式的束縛，也沒有對自己感到不滿，所以一點也不會想要成為別的東西。那就是為什麼它擁有自然的恩典，沒有內在的衝突，而這樣的單純美好，只有赤子孩童、秘契者和悟道者才能擁有。

思索一下你可能有的悲慘狀況。你常對自己感到不滿，總是想著要設法改變自己，你為此一直憤憤不平，也無法接納自己，而導致了你更努力地去逼自己改變。結果你每一次的改變，只會造成更多內在的衝突。當你看到他人擁有了你所沒有的成就、順利成為你所想要的樣子時，你會深感痛苦，而變得什麼都不是了。

如果你能像玫瑰一樣，滿足地做自己、從不他求，那你還會被嫉妒和羨慕所折磨嗎？然而，你卻總是想要變成他人，想要有更多的知識、更好的長相、更出名、更成功，不是嗎？不只如此，你還想變得更有德性、更討人喜歡、更常默觀冥想；你希望找到神，更接近理想的自己。

回頭看看你想要改善自己的悲傷過去，不是以災難和失敗收場，就是要付出慘痛掙扎與痛苦不堪的代價才能成功。假如現在要你中斷所有改變自己的努力、停止所有對自己不滿的念頭，你是不是就會消極地接受自己和周遭的一切，自暴自棄地去睡覺算了？

其實，除了累人的自我逼迫和呆滯的消極接受之外，還有另外一種方式，便是「自我瞭解」。這並不容易，因為在瞭解自己之前，必須先從「想把自己改變成另一種樣子」的想法中徹底解放出來。你可以比較一下：一位研究螞蟻行為的科學家並不會想去改變螞蟻的行為；而一位研究狗行為的馴狗師，卻會要求狗去學習一些東西。從這兩者身上你就能看出其中的不同之處。

你要做的不是改變自己，而是觀察自己：觀察自己對人、事、物的每一個反應，不加以判斷或譴責，也不刻意改變自己的意願，那麼，你的觀察就會不帶立場、包容而廣泛，不會被侷限於狹隘、僵化的結論中，而能夠時時刻刻保持開放和新鮮。然後你就會發現你的內在發生了不可思議的神奇變化——被覺知的光明所淹沒，變得通透澄澈、煥然一新。

改變會發生嗎？噢，當然會，會在你的內在與你外在的環境中發生。但它不會因為你的精明算計和焦躁不安的「自我」而發生，因為「自我」總是陷在偏執和野心中，永遠只想要競爭、比較、逼迫、說教、操縱，在你和自然之間製造緊張、衝突和抗拒——這是一個只會讓人精疲力竭、自我挫敗的過程，就像是邊踩煞車邊開車。

不是這樣的。讓你煥然一新的覺知之光將會掃去你的精明算計和自私自利的自我，讓「自然」為你帶來完全的轉變，就像她為那朵玫瑰所帶來的一般——沒有偽裝、優雅寧靜、無我意識、完整而滿全，沒有被任何內在衝突所汙染。

一切改變都是猛力激烈的，「自然」也是一樣。但是自然的猛力和自我的猛力不同，它並非源自於不寬容與自我厭棄。就像暴風雨捲走地上的一切時並不抱著憤怒；魚吃掉自己的小魚時是順應著我們所不知道的生態法則；身體細胞在消滅其他細胞時是為了讓身體更有益處。

當大自然在進行猛力的破壞時，並不是出自她的野心、貪婪或自我膨漲，而是順服奧秘的法則，在個體的存活與幸福上，尋求整體宇宙的益處。

這樣的猛力，是秘契者或悟道者在他們的覺知甦醒過來時，看到了當代其他人所看不到的罪惡，為了抨擊那根深柢固存在於社會和文化中的觀念和結構，而湧起的猛力。就是這樣的猛力，使玫瑰花能在充滿敵意的環境中生長；也就是這樣的猛力，使玫瑰花能像秘契者一樣，在陽光下綻放花瓣，溫順、惹人憐愛地活著，一點也不想在原先注定的生命之外再多活一分鐘。

因此，玫瑰花活得幸福而優美，如同天空的飛鳥和田野的花朵，毫無不安、不滿、嫉妒、憂慮、競爭這些人世間才有的痕跡——這些都是追求控制與強制的人類才會有的，他們不滿足於花兒那般的綻放，也不願把所有的改變交託給隱藏在大自然中的神。

直到如今，天國是以猛力奪取的，
以猛力奪取的人，就攫取了它。

——瑪竇（馬太）福音11章12節

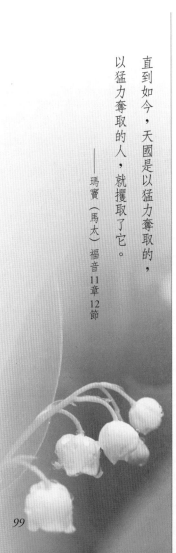

15 愛是與真實相會

觀察一下你的生活，看看你是如何用人們來填補生活中的空虛感。這樣的結果，就是你徹地被他們所束縛。

仔細看清楚，他們是如何用認同或不認同你來控制你的行為。他們擁有了左右你的能力：用陪伴來排解你的孤單；用讚美來提升你的自信；用批判和拒絕來叫你沮喪。

反觀你自己，幾乎每天都用來安撫、取悅他人，無論他們是否還活在世上，你都活在他們的規範中，配合他們的標準、尋求他們的陪伴、想要他們的愛、忍受他們的奚落、渴求他們的讚賞、柔順地臣服於他們加諸你身上的罪惡感，無論在服裝、言行、甚至思想上，你都深怕自己違背他們所要的潮流。

再仔細觀察一下，你會發現，甚至當你都已經控制他們的時候，你仍然仰賴他們，受他們奴役。

人們已成為你生活的一部分，很難想像生活可以不受其影響、不受其控制。事實上，他們已經說服你相信：如果你有一天擺脫他們、自由了，你就會成為一座孤島——充滿孤單，荒涼，沒有愛。然而，事實正好相反。你怎麼能愛一個把你當成奴隸的人？你怎麼能愛一個沒有他你就活不下去的人？那樣的話，你只會渴望、需求、依賴、恐懼，以及被控制。

只有在自由和沒有恐懼的情況下，才能找到愛。要如何獲得這樣的自由呢？你可以雙管齊下，擊破你的依賴心和奴役性。

首先，就是覺知。如果一個人持續地觀察自己，發覺自己的依賴心有多可笑，就不可能成為依賴的奴隸。但是，如果讓你上癮的對象是人的話，只靠覺知可能是不夠的。你必須培養一些喜愛的興趣和活動，你必須找出你願意全心投入的工作，不是為了工作所帶來的利益，而是為了它本身的價值。

想想你喜歡做的某件事，你做是因為它本身的價值，因為你喜歡，不論做了是否成功、是否受到稱讚、是否因它而被愛或得到賞報、是否因此被人感激。在你一生做過的事情裡，有多少是單純地因為你喜歡，而使你全心全靈地去做的呢？找出它們，加以培養，因為它們是你通往自由與愛的護照。

你可能還有一種早已被洗腦的想法，讓你隨波逐流、跟著消費主義跑：認為享受音樂、詩歌、風景都是浪費時間；你應該要寫詩、作曲或是創造藝術品才對——甚至連創作本身都沒有價值，因為如果你的作品沒有出名，那根本不值得去做，如果你的創作從來沒人知道，那有什麼好處呢？即使有人知道了，但若沒有受到人們的喝采，也毫無意義可言。只有當它又成名又暢銷的時候，你的創作才達到它的最大價值。

所以你看，你又回到了受人操弄的懷抱和控制中。根據他們的想法，行為的價值不在於它本身是否為人所愛、所完成、所享受，而在於它是否成功。

想要通往奧秘和生命實相的高貴道路，並不會經過俗世的世界，而是會通過人們專注於事物本身價值而去做的世界。在那兒，人們不在乎成敗、得失或利益。

和俗世的一般信念相反，治癒「孤獨」與「缺乏愛」的方法不是找人相伴，而是與生命的實相碰觸相接。**在你與生命現實相會的那一刻，你就會知道什麼是愛與自由**。你會找到與人相處的自由，然後你才能找到愛人的能力。

在你接觸人的時候，不要以為愛會自動從你心中升起，那不是愛，只是吸引和同情。愛是來自於你內心與真實相會。不是為了特定某個人或某樣事物的愛，而是愛的本質——一種愛的態度和贈予。這樣的愛會不斷向外擴展，在世界上的每個人、每件事物上閃閃發光。

如果你希望這樣的愛存在於你的生命中，就必須藉著覺知打破你內在對他人的依賴，去做那些你只因它本身的價值、只因你喜歡做而去做的每一件事。

他們就詰問他說：
「師傅，我們知道你說話施教，
都正直無私……」

——路加福音20章21節

16
唯一的導師

你可以找到人教你機械性或科學性的事，如算術、英文、騎腳踏車、騎機車或操作電腦。但是人生中真正重要的事，如生命、愛、實相、神的課題，卻沒有人有辦法教導你。他們能給你的，也只有一套既定程式。一旦你腦中被輸入這程式，就等於你只能擁有別人內心過濾過的世界。如果你接受了這些程式，你會被囚禁於牢房內，日漸凋零，終其一生都不會知道什麼是自己去看、自己去學。

從這個角度來看好了：在你一生中，總會有些時刻和經驗是你無法向任何人述說的，你知道這個經驗將一輩子默存於你的心中，因為那個經驗是無法用言語描述、也無法與人交流的。事實上，世界上沒有任何一種語言可以適當地傳達你所經驗的。

想一想，當你看見一隻鳥兒飛越湖面、凝視一叢小草從牆壁裂縫冒出、聽見嬰兒夜間的啼哭、感受到赤裸的人體之美，或凝神注視著僵硬冷冰的屍體時的心境。你可能會用詩、音樂或繪畫來傳遞這樣的經驗，可是你在心中卻知道：沒有人能完全領會你的經驗和感受。這是你相當無能為力去表達的，更談不上去教給另一個人了。

這正是當你求教於一位導師，向他請教有關生命、神與實相時，這位導師會有的感受。他能給你的只有一套程式，一組用許多文字串成的公式法則。但這些文字有什麼用呢？想像在巴士裡有一群觀光客，巴士的窗簾卻是全部拉上，車內的觀光客看不見、聽不到、也感受不到他們所經過的特別景色，整個旅途中都是導遊在不停地生動描述他所認為的外面世界的景觀、聲音和味道。而觀光客所經驗的，也只不過是導遊的話在他們腦中所形成的景象罷了。

讓我們再假設一下：此時巴士停下了，觀光客們帶著剛才從導遊那裡所聽到的印象下車，期待等一下可以看到、經驗到他們腦中的既定印象。就這樣，他們的經驗被這個程式給感染、限制和破壞了，因為他們經驗到的不是實相本身，而是被導遊腦中程式所過濾的實相。

他們會選擇性地去看，或是依自己腦中的程式去做投射，所以看到的不會是實相本身，而是去確認導遊腦中的程式。

到底有沒有方法可以知道你接觸的就是實相呢？你可以這樣辨識：你所感知、覺察到的不會與任何一個程式相符，無論那個程式是你自己創造出來還是任何人給你的。它是無法以言語表述的。

那麼，導師能教導你什麼？他們可以帶領你去注意那不真實的，卻不能把真實的實相指示給你們；他們可以打破你腦中的既定程式，卻不能帶你看到這程式表明的是什麼；他們可以指出你的錯誤，卻不能使你擁有真理。他們最多只能指出事實的方向，卻不能告訴你需要看什麼。你必須自己走出去，親自去發現。

獨自走出去，就是走出所有的既定程式——無論是別人給的、書上學的，或是基於過去經驗而由自己創造的。這可能是人類必須去做的最可怕的事：**進入未知**，沒有任何既定程式的保護。如同那些先知和秘契者一般，他們遠離人的世界，不是意味著遠離人群，而是遠離既定程式。那樣一來，即使你身邊有人群圍繞，你仍是徹底、真正地獨自一人。這是多麼令人敬畏的孤獨！那孤獨、那獨處就是**靜默**。你將看到的就只有靜默。當你看見的那一刻，你就會捨棄所有的書本、導師與師傅。

那麼，接下來你將會看到什麼？任何東西，每一件東西：一片落葉、一位朋友的行為、湖面的漣漪、一堆疊石、一處廢墟、一條擁擠的街道、滿星的夜空……所有的一切。在你看完之後，或許會有人試圖幫你把你所見的以語言文字表達出來，但你會搖頭——不，不要那樣——那只會成為另一個既定程式。也或許會有另一個人試圖解釋你所見的，而你會再次搖頭，因為解釋也是一種既定程式，它可以轉化成一種概念，方便人的腦子接收、思考，然而你所見的，已經超越了所有的既定程式和意義。

此時，一個奇妙的改變在你身上發生了，它起初很難看得出來，卻是徹底的蛻變。因為當你看見了，你就和過去的那個你完全不同了。你會感受到這股令人振奮的自由、擁有超凡的信心，這是因為你終於認清了所有既定程式——無論它多麼神聖——都是沒有價值的；你將不再稱呼任何人為導師。然後，當你每一天觀察、凝視、理解生命運行的過程，就會不斷地學習。如此一來，**每件事物都是你的導師**。

所以，放下你的書本和既定程式吧！勇敢地與你的導師告別，無論他是誰；學著親自去經驗、去看事物的真相。不要害怕，不依靠既定的程式，勇敢地去看周遭的每件事物，很快地，你一定就會看見。

至於你們，卻不要被稱為「辣彼」，
因為你們的師傅只有一位。

——瑪竇（馬太）福音23章8節

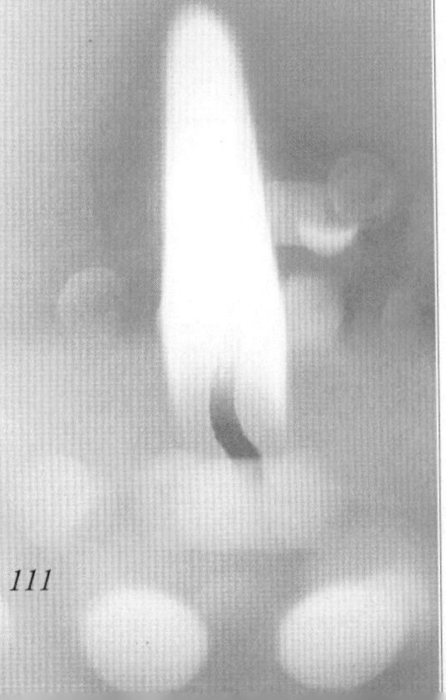

17 如孩童一般

當我們注視一個孩子的雙眼，最先觸動我們的特質就是「純真」：不會撒謊的純稚可愛，不帶面具或任何偽裝，是就是是，非就是非。孩子就像大自然的其他事物一樣。狗就是狗；玫瑰就是玫瑰；星星就是星星；萬事萬物都單純地只做自己。

只有成年人才會把一件事偽裝成另一件事。當小孩說實話、表達真正的感受和想法而遭受成人的處罰時，小孩就學會了掩飾，他的純真就被摧毀了。不久後，他們就會加入無數人的行列，無助地說：「我不知道我是誰。」因為長久以來，他們在人前都隱藏了真實的自己，久而久之，他連對自己也要隱藏。

你還保留了多少童年的純真？現在的你，還能在某人面前坦誠相見，如孩子般單純、開放、毫無掩飾地做你自己嗎？

還有一種更微妙的方式會讓人失落童年的純真，就是當小孩受到某些渴望影響，想要成為某個人物的時候。

你想想看，世上有成群的人竭盡所能地想要成為一個成功、出名、握有權力的「某個人物」，而不願順應自己的天賦成為一個音樂家、廚師、機械工、木匠、園丁、發明家。這樣的選擇所帶來的是自我炫耀和自我膨脹，而不是平和恬淡的自我實現。他們會失落童年的純真，是因為他們眼中只有自我提高，只想要炫耀，而不願意做他們自己。

觀察一下，在你的日常生活中，有沒有一個念頭、一句話、一個行為是沒被「想成為某人」的欲望所汙染的？即使你尋求的是靈性方面的成功，或是想成為一位除你之外沒人知道的聖人。

小孩子就像純真的動物一樣，會順從自然的本性，單純地做他自己。那些能夠保有純真之心的成年人，就是如同孩童一般，順從自然的節奏與自己的天命，不會有想成為某個人的渴望，也不會想要刻意改變他人對自己的印象。

但是，他們與孩童不一樣的是：他們仰賴的不是本能，而是持續地對周遭的人、事、物保持覺知；這份「覺知」能保護他們免陷於罪惡，為他們帶來成長——這成長是來自上天的賜予，而非來自他們充滿野心的「自我」。

成年人還有另一種破壞童年純真的方式：他們教導孩子要去效法某個人。

當你教導小孩要成為他人的翻版，你就抹除了他們與生俱來的創造力的火花。當你選擇要變成某個人，無論那人有多偉大或多神聖，你就已經出賣了自己的生命。想想這有多麼可悲，你內在獨特性的神聖火花，就這樣被層層的恐懼給埋葬了——你不敢勇敢地做你自己，害怕自己如果拒絕在衣著、行為、思考上機械性地順從眾人的眼光，就可能會被取笑、被拒絕。

看看你是如何地順從！不僅在行為或思想上，甚至是你的反應、情緒、態度、價值觀都順應他人，不敢不出賣自己，去取回自己的本來純真。這就是你為了獲得社會或團體的接納所付出的代價。你被童年純真的王國所放逐，進入了一個扭曲、受控制的世界。

最後一個會在不知覺間破壞純真的方式就是：比較。自己與他人的比較。

當你這麼做時，就是拿你的純真本性去交換，換成「想變成他人」的野心——變得和那人一樣好，甚至比他更好。思考一下，為什麼孩子能保有純真之心，像自然界其他受造物一樣活在幸福的國度裡？原因就是，他們尚未被我們所謂的世界所吞沒。

我們所謂的世界，是一群不知道什麼是生活的成年人所寄居的黑暗之所。在這裡，生活不是生活，而是為了贏得他人的讚賞和羨慕；他們不願意幸福地做自己，一心只想和他人比較、競爭；為了空洞的成功和名聲而拼命，不惜打敗、羞辱或出賣身邊的人。

如果你願意讓自己真正地體會這塵世地獄所帶來的痛苦與極度的空虛，你的內心將會產生一股強烈的反抗、厭棄之心，終而粉碎那讓你忘了真實自己的依賴及欺騙的鎖鏈，讓你掙脫束縛，進入孩子們與秘契者（悟道者）所在的純真國度。

我實在告訴你們：
你們若不變成如同小孩一樣，
你們決不能進入天國。

——瑪竇（馬太）福音18章3節

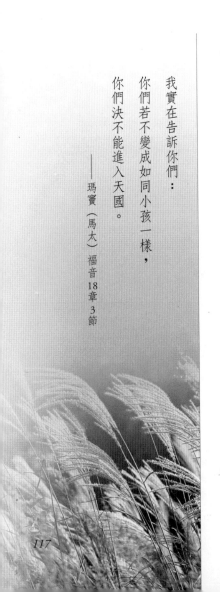

18 愛與自由

愛是什麼？看看玫瑰花吧。玫瑰花有可能說「我的芳香只給好人聞，壞人聞不到」嗎？或者你能想像一盞燈在壞人經過時就收起光線，不讓壞人藉著它的光亮行走？這只有它不當一盞燈了才辦得到。再觀察一棵樹，它是多麼一視同仁、毫無區別地為所有人提供涼蔭，不論那是好人或壞人，老或少，高或矮，動物還是人類，所有的生物，甚至是要砍下它的人。

這就是**愛的第一個特質：無所不包、一視同仁**。這就是為什麼我們被規勸要和神一樣：「他使太陽上升，光照惡人，也光照善人；降雨給義人，也給不義的人。所以你們應當是成全的，如同你們的天父是成全的一樣。」所以，凝神靜觀玫瑰、樹木、明燈的純粹美善吧！在其中，你將看到愛的真貌。

要如何擁有這愛的特質呢？你的任何努力只會造成強迫和刻意培養，因而變得虛假，因為愛是不能強迫的。你不能做些什麼，但是你可以捨棄和放下些什麼。

試著不要再把人區分為好人、壞人、聖人、罪人，而開始以無知無明（沒有區別、不帶標籤）的眼光來看待他們，然後看看此時在你身上所發生的神奇蛻變。

你必須捨棄原有的錯誤信念，以為人們都清楚地意識到自己在犯罪。事實上，沒有人能在覺知的光照中犯罪。罪的發生，並非如我們所想的是因為心存惡意，而是出於無知。「父啊！寬赦他們罷！因為他們不知道他們做的是什麼。」明瞭了這一點，就等於獲得了玫瑰花、樹木、明燈那一視同仁、對一切毫無區別的包容心。

愛的第二個特質：不求回報。就像玫瑰、樹木、明燈一樣，它們的付出和給予，並不是為了要求酬報。我們是多麼地瞧不起那種不看人的本身、只看聘金多寡來選擇妻子的男人啊！對那種男人我們可以直白地說，他愛的不是那個女人，而是她所帶來的財富。

但是，你的愛跟他有什麼不一樣嗎？當你在尋找另一半時，你不也是只想找能在情感上滿足你的人，對無法滿足你的人就避之不顧？你不也是只對那些能滿足你需求、符合你期待的人才積極、友善，對其他人就消極、冷淡，甚至漠不關心？

有個方法能讓你擁有愛的這項特質，你只需要做一件事，就是張開眼睛看個明白，看看你所謂的「愛的真相」只是自私和貪婪的偽裝。這就是擁有愛的第二個特質最重要的一步。

愛的第三個特質：它的「無我意識」，也就是無私。愛是如此享受著自身散發的喜樂，以至於完全沒意識到自身的存在。就像明燈忙著照亮黑暗，根本無暇去管自己是否正帶給人好處。玫瑰花散發芬芳，是因為那就是它能做的，不管有沒有人喜歡。而樹木貢獻自身的涼蔭，也是同樣的道理。

光亮、香氣、涼蔭並不會因為有人來了就產生，人走了就關閉。這些事物就像愛一樣，是獨立於人而存在的。愛，就是單單純純的愛，沒有對象的差別。它們是單純的「存在」，不在意對人有無益處。它們根本沒有任何居功或行善的意識，它們的左手意識不到右手所做的。想想這句話：「主，我們什麼時候看到你餓了、渴了而幫助過你？」

愛的最後一個特質：就是自由。只要受到強迫、控制和衝突，愛就會死亡。想想看，玫瑰、樹木、明燈所給你的是多麼完整的自由：當你處在中暑的危險中，樹木不會用力地把你推進它的涼蔭下；明燈也不會為了不讓你在黑暗中跌倒，而強制把光亮照在你身上。

想一想你曾經臣服於多少強迫和控制。每當你為了得到他們的愛或認同，或是害怕會失去他們，你是如何焦慮地配合他們的期待而活。每一次你臣服於強迫和控制之下，你就再一次地破壞了你自然本性中「愛」的能力——因為你容許別人這樣強迫、控制你，你也一定會這樣對待別人。

好好沉思一下你生命中所有的強迫與控制。希望這有助於你放下強迫與控制，也從它們當中脫困而出。在你捨棄它們的那一刻，自由將隨之而生。而自由，便是愛的另一個名字。

這是我的命令：
你們應彼此相愛，
如同我愛了你們一樣。
——若望（約翰）福音15章12節

19 讓心靈隨著生命前進

天國就是愛。愛、去愛，是什麼意思？它指的是對生活、對事物、對人變得更敏感、更有感受力，去感受每一個人、事、物而不加以排斥和區別。因為排斥心是出於冷硬、麻木、封閉的心靈，一旦心靈變得麻木，敏感性和感受力就死了。

在你的生活中，並不難找到這種敏感與感受力的例子。你是否曾經停下腳步，把路邊的石頭或釘子挪走，免得有人因此跌倒？你並不在意誰會因為這個小動作而受惠，也不在意你會不會得到回報或表揚。你只是單純地這麼做了，出自慈悲和仁慈的情懷地做了。

你是否曾因為世界上某個角落的森林遭受肆無忌憚的破壞而感到心痛？即使你永遠不會去到那裡，也不會因而獲得任何好處。你是否曾經不厭其煩地幫一個陌生人找路，即使你完全不認識他，以後也不會再遇見他，純粹只是出自你內在的一片善意？

在許多這樣的時刻裡，「愛」就這麼自然地浮現在你的生命中，告訴你，你內在有這樣美好的能量正等著被釋放。

要怎麼做才能擁有這樣的愛？不，你不能做什麼來擁有它，因為它早已存在於你的內在了。你所要做的只有一件事：**挪走那些阻礙你的敏感與感受力的障礙物，愛就會自然浮現。**

阻礙敏感和感受力的障礙物有二個：即是「信念」和「執著」。怎麼說呢？

因為，一旦有了某種信念，你對人、事、狀況就已經下了定論。你被這個定論框住了，失去了敏感與感受力；你也因為有了成見，只會用成見看人。換句話說，你已經無法重新看待這個人了。如果你連看都看不見，又怎能對一個你根本看不見的人懷有敏感與感受力呢？

找一兩位你熟識的人，依據你和他們的關係，列出你對他們正面和負面的評論。當你說某人明智、殘忍、防衛心重、有愛心之類的時候，你對他的認知便已固定、僵化了。有了成見，你便無法再察覺出這個人時時刻刻的改變，就像一個駕駛依據上週的氣象報告開車一般。

認真仔細地觀察你抱持的這些信念，只要看出它們是信念、定論、成見，而不是實相的反映，你便能丟下這些信念，讓它們離你遠去。

那麼，「執著」是怎麼形成的？首先是接觸了令你愉悅的東西，諸如汽車、廣告中很吸引你的現代用品、讚美你的話，人們的陪伴。然後，就產生了想抓住這些不放的欲望，想重複享受這些人或事物所帶來的快感。最後就會感到，一旦缺少了這些人或事物，你就不會快樂，因為你已把他們所帶來的快感與快樂畫上等號。

到了這個階段，你的執著已經發展完成了。有了執著之後，你的眼裡就再也看不見其他的人、事、物了，對於那些不是你執著的人、事、物，你沒有任何敏感與感受的能力。

因此，每當你離開你所執著的對象或事物時，你的心也跟著他們留下，無法與你隨行到生命的下一站。當生命的交響樂繼續往下一章演奏時，你卻一直往後回顧，只想補捉過去的某些曲調，而對交響樂中的其他樂音充耳不聞。

就這樣，「生命賦予你的」和「你所執著的」之間產生了衝突與不和諧，接著而來的就是緊張、焦慮，而那正是殺死愛與愛所帶來的自由喜悅的兇手。只有當你享受每個音符的來去自如、並且樂在其中時，才能找到愛與自由。

要怎麼做才能放下執著呢？很多人是用強硬斷絕的方式。然而，拒絕承認交響樂中的某些曲調、硬是將它們從意識中塗掉，只會製造與執著同樣的暴力、衝突與遲鈍。你會再一次地使自己麻木、僵化。

秘訣就在於，**既不拋棄也不執著，享受生命中的每一個來去**，心隨萬境。

這又要怎麼做呢？用長時間去觀察執著的腐朽本質，以及它所帶來的破壞。通常你會注意到的，是執著所帶來的興奮與瞬間的快感。然而，這次請你靜觀其中的焦慮、痛苦、不自由；同時靜觀當你每次放下執著時而產生的喜悅、平安和自由。然後，你就能不再往後回顧，而容許自己沉醉於此時此刻的美妙樂音。

最後，看看我們所處的社會——受到執著的汙染而腐爛到核心的社會。人們執著於權力、金錢、財物、名望、成就；如果有人認為那是唯一的快樂之源而拼命追求，人們反而視他們為社會的生產者，說他們勤奮工作、活力十足。換言之，他們越是被野心控制、不惜破壞自己的生命樂章也要窮追不捨，對自己、對他人都冷硬而麻木，社會越是會稱他們為可靠的公民，親朋好友也會以他們的成就地位為榮。

在你所知道的受人尊敬的人當中，有多少是能不被執著所困，而保有愛的溫柔敏感與感受力呢？

如果你有足夠的時間靜心觀察，就會從內心深處感受到一股厭惡之情，使你本能地抛棄所有的執著，就像被蛇纏身時一定會想馬上脫離牠一樣。你會唾棄、從這腐朽的文化中脫身，遠離這個充斥著利慾、執著、焦慮、貪婪、麻木的沒有愛的文化。

手扶犁而往後看的，
不適於天主的國。

——路加福音9章62節

20 學習「看」的藝術

當你沉浸在愛中，你會發現自己看待每個人的眼光變得新鮮、不同了；以前你可能冷酷又不好相處，如今卻變得慷慨、慈愛而寬恕。隨著你的轉變，人們也必然會以相同的態度來對待你，不久你就會發現，你活在自己所創造出來的愛的世界中。

你可以回想一下，當你情緒低落時，變得易怒、難相處、充滿猜疑、甚至神經質。接著你就會發現，每個人也以同樣負面的方式對待你，最後，你發現自己活在一個由頭腦和情緒所自導自演、充滿敵意的世界中。

那麼，如何創造出一個快樂、和平、充滿愛的世界呢？可以藉着學習一種簡單、優美、但有些令人痛苦的方法，就是「看」的藝術。你可以試著這麼做：每當你覺得有人惹惱你、使你感到生氣時，**不要去看對方，而是看你自己**。你要問的不是：「那人有什麼問題？」而是：「這憤怒是在告訴我關於自己的什麼事？」

現在就做這個練習。想想某個讓你生氣的人，對自己說以下這段有些痛苦但能釋放自己的句子：「我之所以生氣，原因不在這個人，而在於我自己。」

說了這段話之後，開始找出是什麼造成你的憤怒。首先，探查為什麼這個人的缺點（或你所謂的缺點）讓你感到生氣，找出真實的可能性。很可能是因為你自己也有這個缺點，但你壓抑了它，所以會不自覺地投射到別人身上。這通常是真正的原因，卻很少人會承認它。

所以，請在內心沒意識到之處尋找你在那人身上看到的缺點，你的憤怒將會轉變為感激，感激對方的行為引導你發現了自己。

有些事值得你多加關注：你被這人說的話或做的事給惹惱，會不會是因為他的話語和行為刺中了你內心某個你拒絕察看的東西？想想看，人們在聽到先知或秘契者所說的話時，常會感到不安或憤怒，因為他們的言語和生命是對我們的一大挑戰。

還有另一件事也非常清楚：你之所以被這人激怒，可能是因為他沒達到你腦中既定程式的期待。或許你有充分的理由要求他聽從你的期待，例如當他行事殘忍、不義的時候，但接下來請立即停止這樣想。

如果你想改變這個人或阻止他的行為，不要採用憤怒的方式效果是不是會更好？憤怒只會蒙蔽你的眼光，使你的行為沒有效率。每個人都知道，當運動員或拳擊手情緒失控時，表現的水準就會降低，因為情緒激動和憤怒會影響身體的協調。

然而，一般來說，你沒有權力要求對方達到你的期待，因為換了別人，面對同樣的行為，別人可能一點也不會生氣。只要靜觀、默想這個真理，你的怒氣就會消失。想想看：要求別人去符合父母在你身上設定的標準和規範，是多麼愚蠢的事啊！

最後再提供一個讓你深思的真理：如果這人的背景和人生經驗使他不自覺地做出

讓你生氣的事，俗語說得好：**完全地瞭解就是完全地原諒**。如果你真的瞭解這人，那你就能視他如一個跛腳之人，是不該被責備的，你的憤怒便會立即消失。接著，在不知不覺中，你會以愛來對待他，而他也會以愛來回應，你就會發現，你已經活在自己所創造出來的愛的世界中了。

但是，我給你們這些聽眾說：

「應愛你們的仇人，善待惱恨你們的人。」

——路加福音6章27節

21 擁抱無憂無懼的自由

如果你想直接觸碰生命的實相，首先你必須瞭解，任何概念都會破壞實相，並且成為你認清實相的障礙。

概念並不是實相，「酒」的概念不等於酒，「女人」的概念並不等於這個女人。如果我真的想要直接觸碰這位女性的實相，我必須放下我對於「女人」或「印度」的概念，而直接、具體去經驗她的如是（suchness）與獨特性。

不幸的是，大部分人在大部分的時間裡，都不曾盡心地去「看」事物的獨特性，他們只看文字或概念。他們從來不以孩子的眼睛去看眼前飛過的那個具體、獨特、毛茸茸的活物，只看見「麻雀」；他們也從未看見眼前這個獨特的人所擁有的令人驚訝的美好，而只看見一個「印度農婦」。所以說，概念是你想要經驗、看清實相的障礙。

另一個阻礙你看見實相的障礙就是「判斷」——判斷一件事物或一個人是好是壞，是美是醜。當我看見一個具體而獨特的人時，竟然只看見「婦女」或「印度」或「農婦」的概念，這就已經夠阻礙我看見這個人的實相了。不僅如此，我又加以判斷說「她很好」或「她不好」、「她又漂亮又迷人」或「她又醜又沒吸引力」。這使我更加無法看見她的真相，因為她是不能用好或壞來定義的，她就是「她」，帶著她所有的獨特性。

就像鱷魚和老虎，既不是好也不是壞，牠們就只是鱷魚和老虎。牠們的本質沒有好與壞，只有牽涉到牠們自身之外的關係時，才有所謂的好與壞。當我想要某人或某物符合我的目的、取悅我的雙眼、對我有好處或是會威脅我時，在我依此為準的判斷下，才有了「好」或「不好」。

現在想想你自己，當有人稱讚你很好、很美、很吸引人的時候，你可能會有以下這兩種反應：

一個反應是變得冷硬而防衛，因為妳認為自己並不美麗，你會對自己說：「如果你知道真正的我，你就不會稱讚我美了。」另一個反應，則是你完全接受對方的話，真的認為自己很美，也容許自己因為那些恭維而興奮、陶醉。

不論是哪一種狀況，你都錯了，因為你既不是美，也不是醜。**你就是你**。如果你陷於周遭之人的判斷，接下來就只能啃食著緊張、不安、焦慮的果實，因為今天他們說你美，你就高興；明天說你醜，你就低落。

所以，當有人稱讚你美時，恰當的回應是：「這人只是說出了他目前看我時的情緒和觀感，可是他說的不是真正的我。換成另一個人，依不同的背景、情緒和觀感來看我，可能會說我是醜的。但同樣地，他說的也不是真正的我。」

我們是多麼容易被別人的判斷所掌控，並藉此塑造自己的形象。為了得到真正的自由與釋放，你在聆聽別人說你的好或不好時，要如電腦一般，不帶任何情緒地回應。因為他對你所下的評論中，透露他自己的部分比透露你本人的還多。

事實上，你也必須察覺到你對自己所下的判斷，因為那些判斷一般也是基於你從周遭之人所取得的價值觀。你如果總是加以判斷、譴責、認可，那還看得見真相嗎？如果你看任何東西都透過判斷、譴責、認可的眼睛，那不正是阻隔你去理解、觀察事物真相的障礙嗎？

當某人對你說「對我而言，你很特別」時，請花點時間想想，如果你接受這讚美，你就等於在啃食緊張不安的果實。為甚麼你要對某人而言很特別，而屈服於那種判斷和認可呢？為什麼不甘於做自己呢？

當有人對你說你是多麼特別的時候，你可以正確地對自己這麼說：「這個人依他的喜好、需求、欲望、口味、心理投射，對我有了特別的想法，但這和我本人沒什麼關係。換成別人，可能會覺得我完全不特別，但那和我本人也沒什麼關係。」

如果你接受了那人的讚美而樂在其中，就等於讓對方控制了你。為了繼續保持對那人而言的特別，你得耗費極大的心力。你會處在長期的恐懼中，深怕有天他會遇見對他而言更特別的人，那時你就會被趕下他心中那個特別的位置。所以你必須不斷地為對方而起舞，滿足對方的期待，這樣一來，你就失去了自由。你使自己的快樂建立在他人身上，因為你的快樂取決於他人對你的判斷。

然後更糟糕的是，你開始尋找其他會對你說「你很特別」的人，並投注很多時間精力以確保他們不會改變對你的印象。這是多麼令人牽掛與操心的生活啊！突然之間，恐懼進入你的生命，你唯恐自己的形象會被破壞。如果你尋找的是無恐無懼、自由自在的生命，你就必須捨棄這些。

要怎麼辦到呢？每當任何人對你說「對我而言，你很特別」時，不要當真。「對我而言，你很特別」這話只不過表達了我目前對你的感覺，以及我的喜好、當下的心情和發展而已，除此之外什麼都不是。把它當成一個事實，接受它，但不要因此樂在其中。

妳該感到喜悅的是我的陪伴，而不是我的恭維；妳該感到高興的是我此刻與你的互動，而不是我的讚美。如果你夠明智，就會催促我去找更多其他很特別的人，這樣你就不必苦心維持我對你的印象。你一直都知道我對你的印象隨時都可能輕易地改變，所以你享受的是每一個當下，而不是我對你的印象。因為，如果你享受的是我對你的印象，我就等於控制了你，你會害怕做你自己，以免這樣會傷害到我；你也會害怕對我說真話，不敢說或做任何會損傷我對你印象的言行。

現在，審視一下人們對你的每一個印象。他們告訴你，你是天才、你很明智、你人很好、你很聖潔，你聽了以後樂在其中，在那瞬間，你已經失落了自由；因為從此以後你得一直努力來維持他人對你的觀點或評價。你害怕做錯，也害怕做自己，更不敢做任何會損傷這形象的事、說會損傷這形象的話。你失落了出洋相、被嘲笑和揶揄的自由，也失落了做你認為正確的事、說你認為正確的話的自由，所言所行都是為了合乎別人對你的印象。

該怎麼打破這一切呢？要花上一些時間耐心地學習、覺知、觀察這可笑的形象帶給你什麼樣的東西。它帶給你一時的興奮，卻混雜了不安全感、不自由和痛苦。

如果你看清了這一點，就會失去想成為任何人的特別之人的胃口，也不想被任何人抬舉。你會喜歡與罪人或壞傢伙來往，自由自在、暢快地說話、做事，不必在意人們怎麼想你。你會成為如同鳥兒和花那樣，完全沒有自我意識，忙於生活，顧不了別人是否認為他是特別的。最後，你將成為一個真正無憂無懼的自由之人。

法利塞人看見，就對他的門徒說：

「你們的老師為什麼同稅吏和罪人一起進食呢？」

——瑪竇（馬太）福音 9 章 11 節

22 注視自己，直視真相

世界上人們到處尋找愛，因為人們相信只有愛能拯救世界，只有愛能使人生有意義，讓生命值得活下去。然而，知道愛是什麼以及愛是如何來到人們心中的人，卻是那麼少。

人們常把愛與別的事物畫上等號，以為它就是對別人好、仁慈、非暴力或服務等等。可是這些事物本身都不是愛。愛來自於覺知。只有當你直視一個人此時此刻的真實樣貌，而不是透過你的記憶、欲望、想像或投射來看，你才能真正地愛他們。否則，你愛的不是他們本人，而是你為這人所塑造的概念，或是你的欲望。

所以，愛的首要行動就是：直視人、事、物的真實樣貌。這需要相當的訓練，要捨棄個人的意願、成見、記憶、心理投射，以及看待事物的既定方式。這樣的訓練並不容易，以至於大部分人寧願一頭栽進慈善工作或服務中，也不要經受如烈火淬鍊般的辛苦訓練。然而，當你尚未費心去正視一個人，你就要去服務、幫助他，那你看到的是對方的需要，還是你自己的需要？所以，愛的第一個要素，就是真實、赤誠地「看」對方的真實樣貌。

愛的第二個要素和前一個同樣重要，就是：注視你自己，冷靜、清晰地觀看自己的起心動念、情緒、需要、不誠實、自私自利，以及控制和操縱的傾向。這意味著你要一一正視它們，無論那會讓你感到多麼痛苦。

如果你對自己、對他人都能這樣覺察，你就會知道什麼是愛，因為你已經擁有了靈敏、警覺、清晰、敏感的心智與心靈，還有清晰的洞察力，以及能使你在每個時刻、每個狀況中都做出正確適當的回應的敏銳感受力。

然後你將發現，有時你會義無反顧地投入行動，有時則會有所保留、節制。有時你會忽略他人，有時又會注意到對方所需求的。有時你會態度和善、充滿彈性，有時則毫不妥協、堅持立場，甚至態度猛烈。因為由敏感而生的愛有著多種讓你意想不到的面貌，它不回應預設的教條與規範，而只回應當下的具體狀況。

在你第一次體驗到這樣的敏感與感受力時，你可能會覺得十分驚慌。因為你所有的防衛系統都已瓦解，不誠實的部分也都暴露出來，你周圍的保護牆全都被烈火燒毀了。

試著想想看，當一個富人第一次目睹窮人的慘狀；當一個渴求權力的獨裁者睜眼看見被壓迫的人民一個個生活困頓、痛苦哀求；當那些狂熱的盲信者真正看清自己堅持的信念其實是錯的；在看清這一切時，他們的內心將會多麼地震驚！而當一個浪漫的熱戀之人終於決心看清自己所愛的並不是他的愛人本身，而是他為對方所塑造的形象時，他的內心又會是多麼地驚懼！

這就是為什麼對人類來說，「直視真相」是所有行為中讓人最痛苦、最害怕的事。然而，愛就是在你看見實相的時刻中誕生，或者更正確地說，**直視事物的真實樣貌，就是愛**。

你一旦開始看見了，敏銳的感受力就會帶領你進入覺知的境界——不是選擇性地只去知道你想知道的，而是對每一件事物都有同樣的覺知。此時，你那可憐的「自我」會想盡辦法鈍化你的敏銳感受力，因為它的自衛系統被拆除了，它失去了保護層，再也沒有可依附的東西。

如果你容許自己看見這一切，那麼你將看見「自我」的死亡。所以愛是令人害怕的，因為愛就是看見，看見就是死亡。但是愛也是這世上最喜悅、最令人振奮的。因為在「自我」的死亡中，自由、和平、寧靜和喜樂將隨之誕生。

如果你所要追求的就是愛，那麼立刻開始實踐「看見」的功課吧！認真地去「看」一個你不喜歡的人，清楚地去「看」你內心的偏見。直視你所執著的人或物，看清執著本身的痛苦、徒勞、束縛與不自由；同時，深刻而深情地去注視人們的面孔與他們的行為。

花些時間靜觀大自然，天空的飛鳥、盛開的花朵、枯葉化成的土堆、河水的流動、上升的夜月、群山襯托晴空的輪廓。這樣一來，覆蓋在你心靈周圍的堅硬外殼將會日漸軟化、消融，你的心會在敏感與回應力中逐漸甦醒。眼中的黑暗將會消失，視野變得清晰而鮮明，直到最後，你終於明瞭愛是什麼了。

主人來到時，遇見醒寤著的那些僕人，是有福的。

——路加福音 12 章 37 節

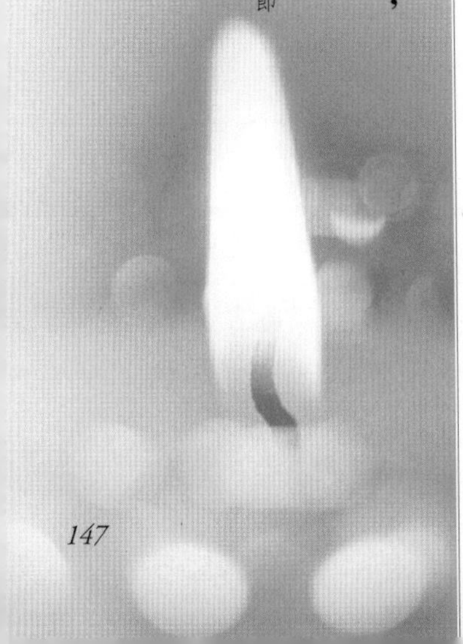

23 孤獨的沙漠，愛的花朵

你可曾發現過，只有在你獨自一人的時候才能愛？愛是什麼呢？愛是看見真相，並給予它相稱的回應；是看清一個人、一件事物、一個狀況的真實樣貌，而不是看見你所想像的。你無法愛你一個你根本沒去看的事物。

什麼東西阻擋了你去看見？是你的概念、分類、偏見、投射、需求、執著，以及由你的條件反射和過去經驗所形成的標籤。「看見真相」是人類所能做的事情中最艱辛的一項，因為它需要一顆受教而清醒的心，而大部分的人都寧願讓心智陷入怠惰，而不願意花費精神去正視每個人、事、物時時刻刻更新改變的樣貌。

為了看見真相而放下成見，已經夠辛苦了；要求自己去「看」，卻是一件更痛苦的事，因為你必須擺脫社會施加在你身上的控制，而控制的觸角已經進入你生命存在的核心，想要拔除它，你會被撕得四分五裂。

想要更加瞭解這一點，你可以想像一下：一個嘗過毒品滋味的孩子，隨著毒品進入身體，孩子已經上了癮，他整個生命、整個人都在渴求毒品，他無法忍受沒有毒品的折磨，寧願死去。

這就是當我們小的時候，社會對我們所做的。它不容許你享用營養豐富的生命果實：工作、遊戲，與人相伴、感覺和心靈的歡愉；卻給你品嘗毒品的滋味：認可、欣賞、注意、成功、名望、權力。一旦嘗到這些滋味，你就上了癮，開始害怕會失去它們。你深怕失敗、犯錯、被人批評，所以只能怯懦地依賴他人，失去了你的自由。

現在，別人有了控制你快樂或悲傷的能力。你既厭惡這帶來的痛苦，卻也發現自己完全無能為力。不論什麼時候、有意還是無意，你總是在迎合別人的反應、配合他們的要求。當你遭人冷落或是被人否定時，難以忍受的孤獨使你無助地爬回人們那裡，去乞求他們的安慰——所謂的「支持」、「鼓勵」、「肯定」。在這樣的情況下與人相處，只有沒完沒了的緊張；可是缺了它們，又會帶來孤獨的焦慮。你已失去了看清楚和正確回應的能力，因為你的視野已被你想要毒品的需求給蒙蔽了。

這樣的後果既可怕又難以逃脫：你已沒有能力去愛任何人、任何事物。如果你想要找回愛的能力，你必須重新學習如何去「看」。如果你想要看得清楚、看得正確，你必須拋棄你的毒品，你必須深入你的存在核心，將那深入骨髓的社會控制之根徹底拔除、將之捨棄。如此一來，雖然外在一切依舊如常，你繼續活在這個世上，卻已不屬於它。

此時，你的心終於獲得了自由和完全的獨立。只有在獨立與完全的孤獨中，依賴的欲求才會死去，愛的能力才會誕生。因為你已不再視別人為滿足你毒癮的工具了。

只有經歷過的人，才知道過程中的可怕。這就像是邀請你讓自己死亡，也像是邀請一個可憐的毒癮患者拋棄他唯一知道的快樂，要他以麵包、水果、清晨的新鮮空氣與甜美的深山泉水取而代之，而他卻正在與失去毒品的戒斷症狀和空虛感苦苦掙扎，執迷不悟地相信只有毒品可以治好自己的空虛。

你能想像拒絕享受他人的鼓勵或賞識、也不依賴別人的生活是怎樣的嗎？你能想像，在情感上你不依賴任何人，所以再不會有人可以掌控你的快樂或悲傷，你不再需要任何特別的人，也不需要成為別人心中特別的人或是把某個人占為己有嗎？你想想看，天上的飛鳥有巢，地上的狐狸有穴，但是在人生的旅途中，你卻沒有可以安枕的地方。

如果你曾嘗過這樣的滋味，你就會瞭解，用不被恐懼與欲望所遮蓋的清晰眼光去看是怎麼一回事，你也會知道去愛是什麼意思。但是，要來到這愛之境地，你得先經過死亡的痛苦。因為要去愛人，就得先讓自己對人的欲求死亡，達到徹底的獨處。

怎樣才能達到此境界呢？藉著持續不斷的覺知，以及如同對待毒癮患者般無止境的耐心和慈悲。從事那些你內心想做且喜歡做的工作或活動，當你全心地投入時，成功、讚美、肯定對你都已毫無意義。回歸自然當然也有幫助：送別群眾，進入山林，與樹木、花草、動物和鳥兒為伴；與海洋、天空、雲彩、星星進行心靈的交流。

然後你會發現，自己的心已把你帶到孤寂的廣闊沙漠。在那兒，沒有人在你身邊，是空無一人的孤單。一開始你可能會覺得難以忍受，因為你尚未適應這孤獨。但是，如果你願意再多留一會兒，突然之間，沙漠會綻放出愛的花朵，你的心將開始高聲歌唱，而春天的美景將永遠留駐在你的心中。

耶穌遣散了群眾以後，
便私自上山祈禱去了。
——瑪竇（馬太）福音14章23節

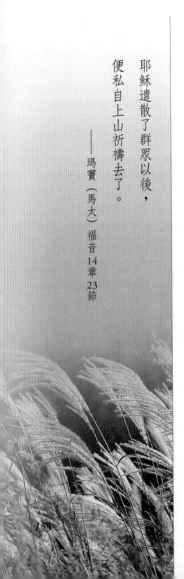

24 不再判斷

這裡有個重要的觀念：你所能做的愛的最好行動，不是服務，而是默觀與看見。當你服務人們時，你可以協助、支持、安慰、減輕他們的痛苦。當你深入地直視他們，看見他們的內在美善時，你是在轉化和創造。

試著想想那些你喜愛、且吸引你的人。現在全神貫注地「看」他們，就像是你第一次看他們一樣，不要被你過去的認知和經驗（無論是好是壞）所干擾。找回他們內在那些你因為熟悉而可能忽略、遺失的部分，因為「熟悉」和「習以為常」會導致陳腐、盲目與厭倦。

你如果無法看到一個事物改變後的新樣貌，你是不可能愛它的，你也不會去愛你不能持續有新發現的事物。

接下來，把你的注意力轉移到你不喜歡的人身上。首先，觀察在他的身上有什麼是你不喜歡的，然後不帶成見、公正地分析他的缺點——意思就是，你不要先給他貼上標籤，例如：驕傲、懶惰、自私、傲慢。

標籤是思維的懶惰，因為給別人貼標籤是很容易的，要看見他人的獨特性才是困難、深具挑戰性的。

你得實際地觀察和探究這些缺點，意思是你必須先確定自己的客觀性。你要連「你看到的缺點，可能不是缺點」這一點都考慮進去，因為有可能是你的成長背景和所受的教育使你不喜歡那些言行，而使你認為那是缺點。

如果你做完了以上的步驟，仍然看到缺點存在，那你要明白一件事：他的這些缺點是起源於童年的經驗、過去的心理制約、錯誤的思考和認知，以及最重要的——他是不自覺、不知道，而不是心懷惡意、存心不良。瞭解了這一點，你的態度就會轉化為愛與寬恕，**因為探究、觀察、理解，就是寬恕**。

探究完這些缺點之後，接著開始尋寶——尋找那本來就埋藏在這人的內在、因為你的偏見而使你不曾看見的寶藏。在進行這樣的觀察時，看看自己的態度和感受有什麼改變。你會發現，原來是你的偏見與不喜歡模糊了你的視線，使得你看不見事物的真相。

現在，以這樣的心態和方式，來和你生活中與工作上的人們接觸，觀察每個人在你心中的變化。用這樣的心態和方式來看待他們，是送給他們一份充滿無限愛的禮物，它的價值遠遠超過為他們提供任何服務。因為在這當中，你已在內心創造、轉化了他們，再藉由你與他們在日常生活中的接觸，他們在現實中也會有所改變。

最後，把同樣的禮物也送給自己。如果你對別人已經能夠這樣做了，那對自己應該更加容易。依照同樣的步驟進行：不判斷，不譴責任何缺點。當你不再判斷他人，你會很驚訝自己也不再被判斷。那些缺點在經過探究、觀察、分析之後，都被更好地理解，而轉變為愛與寬恕。

你會快樂地發現，你已被這奇妙的愛的態度所改變，而這態度源自於你的內在，擴散至你所謂的「自我」，然後經由你，擴展到這世上的一切眾生。

你們不要判斷人，
免得你們受判斷。
——瑪竇（馬太）福音7章1節

25
破除魔障的覺知之劍

如果與盲人相處，你會發現他們與現實的調和程度是你無法想像的。他們對這個世界的觸覺、嗅覺、味覺、聽覺的靈敏度之高，相較之下，我們每個人都像個笨蛋。

我們同情失明的人，卻從沒注意過他們的其他感官能力帶給他們的心靈富足。可惜的是，那些富足是付出失明的沉重代價而獲得的。

我們可能很難想像，其實我們可以擁有盲人的靈敏和與世界調和的感受力，卻不需要喪失視力。只要你願意剜出、砍掉你的心理障礙——那些放不掉的執著——就能對愛的世界有所覺醒。

如果你不願這樣做，你將會錯失唯一能賦予人們存在意義的東西——也就是「愛」。因為愛乃是通往持久的喜樂、平安和自由的管道，而唯一阻擋我們進入那美好世界的就是「執著」。那是人的貪婪之眼與占有之手所造成的，貪婪之眼激發了人們內心的欲望，占有之手則讓人想把那些事物據為己有、緊握不放。

如果你想要讓愛誕生，這樣的眼就必須剜出，這樣的手就必須砍掉。因為那樣殘缺的手，無法讓你握有任何東西；而當你剜出貪婪之眼、只剩下兩個空洞的眼窩時，突然間，你就能靈敏地感受到以前從未注意過的實相存在了。

現在，你終於能夠愛了。在這之前，你只是好心、善意、同情地關懷他人，以為那就是愛。其實那只是和愛有一點相似而已，距離愛還遠著呢！那之間的差距，就像搖曳的燭光與直射的陽光的對比一般！

愛是什麼？愛是你對內在、外在的一切實相的靈敏感受力，以及對之全心全意的回應。有些時候你會擁抱那實相，有些時候你會攻擊它，有些時候你會無視它，另一些時候你則會全心全神地注意它。你總是會有所回應，但這回應不是出自你的需求，而是由於你的靈敏與感受力。

執著是什麼？是一種需求、一種使你的靈敏度變遲鈍的依附、一種讓你失去洞察力的毒品。

這就是為什麼你一旦對任何人或事物產生執著，愛就無法誕生的原因。因為愛是靈敏的感受力，這感受力一旦受到損害（即使只是一點點），靈敏性就被破壞掉了。就像雷達一樣，任何一個重要部位失靈，都會嚴重地破壞它的收訊力，而你對訊息的回應也會因此偏差。

根本沒有所謂「有殘缺的愛」、「不足的愛」或「不完全的愛」。愛就如同敏感性，有就是完全、完滿的有，不然就是沒有。你不是完全地擁有愛，就是一點也沒有。所以，只有當執著消失，我們才能進入稱之為愛的無限自由境界。到了此刻，你就能夠釋然地觀看和回應。

但是要記住，不要把這自由與「尚未產生執著時的無差別冷淡」加以混淆。如果你本來就沒有眼、沒有手，那要怎麼挖出或砍掉它們呢？很多人把這種「無差別冷淡」誤認為愛（因為他們沒有特別執著於某個特定的人，就以為他們愛每一個人），但是，那不是靈敏的感受力，而是來自於被拒絕、理想破滅或拒絕承認所形成的冷硬麻木之心。

不是這樣的。如果我們想要抵達愛的彼岸，就必須勇於面對執著之海的狂風巨浪。有些人從未啟航，卻說服自己已然抵達。

想要抵達愛的彼岸，你必須先有健全的身體、清晰的視力，才能拿劍與狂風巨浪搏鬥，然後愛的世界將在你的覺知中升起，你便能正確無誤地航向它。無庸置疑的是，這需要經由猛力才能完成，猛力奪取的人才能贏得天國的賞報。

為什麼需要猛力？因為你若是任由生命自己走，愛永遠不會產生，它只會引導你被誘惑、追求歡愉、產生執著、求得滿足，最後引你走向疲憊與厭煩，然後就在那高峰上停滯不前。接著是再次的循環：被誘惑、追求歡愉、產生執著、求得滿足、疲憊、厭煩。在這當中，還摻雜著焦慮、妒嫉、占有、哀傷、痛苦，讓這個循環就像坐雲霄飛車一樣。

當你一再重複經歷這個循環，總有一天你會覺得受夠了，想要擺脫這整個過程。在這時，如果你很幸運地沒碰上其他吸引你的人、事、物，那你至少可以擁有一段短暫的安寧，那是生命所能給你的最好部分；而你可能會誤以為那就是自由，然後直到死亡，你都不知道真正的愛與自由是什麼。

不該是這樣的。如果你想要衝破這個循環、進入愛的世界，你必須趁執著尚未成熟前打擊它，不能等到你把它養大了才行動。但請記住，不要使用「斷絕之劍」予以打擊，因為這樣的切斷只會造成心靈的麻木冷硬；你該使用的，是「覺知之劍」。

那要覺知什麼呢？覺知以下三件事：

一、看見這毒品給你帶來的痛苦：情緒起伏不定、興奮、焦慮、失望，最終導致厭倦，這些都是無法避免的。

二、意識到這毒品欺騙你遠離愛的自由：使你無法自由地享受生活中的每一個時刻、每件事物。

三、瞭解到是你的沉迷和成見，把你的執著包上一層美麗的外衣：你賦予了它根本不具備的價值。你所迷戀的是你腦中所塑造出來的，而不是你所愛的人和事物本身。看清這些，讓覺知之劍破除執著的魔障。

一般人都認為，只有當你覺得自己深深被愛的時候，你才有能力向外去愛別人。這不是真的。一個被愛的人確實可能向外去愛別人，但他走向的不是愛的世界，而是陷入一種興奮情緒之中。在他眼前，世界披上了一層不真實的瑰麗色彩，在他的興奮情緒消失後，這世界就消逝了。

對他而言，他所謂的愛，不是來自於他對生命實相的清晰認知，而是來自「他相信某個人愛他」的信念（不論這信念對還是錯）。這樣的信念是非常脆弱而危險的，因為它建立在一個不可靠、隨時會改變的人身上。他相信對方愛他，卻沒想到對方可以隨時拔掉插頭、關掉對你的興奮情緒。這也難怪走在這條路上的人，永遠都無法獲得真正的安全感。

同樣地，如果你向外去愛是因為某個人愛你，那你的熱情不是對實相的清晰認知，而是你從對方那裡得到的愛；所以是對方在控制開關，只要對方關掉它，熱情就隨之消失了。

當你揮動覺知之劍，遠離執著、進入愛時，千萬要記得：不要操之過急、失去耐心，或怨恨自己。這樣的態度怎能產生愛呢？相反地，要抱著慈悲同情之心，以及如外科醫生操刀般的準確態度。然後你會發現：你能去愛先前所執著的事物，也更能享受其中，同時也能在其他的人、事、物上面享有同樣的快樂了。

這就是能夠立見分曉的測試方法，測知你所擁有的到底是不是愛。絕不是變得無差別的冷漠，如今你能夠享受一切，每個人、每件事物，甚至超過你先前所執著的。

到了現在，沒有什麼能讓你緊張興奮，所以也不會有痛苦和懷疑。

事實上你可以說：你享受於一切，也什麼都不享受。因為你有了一個重大的發現，當你獲得快樂時，**讓你快樂的一切都來自你的內在**。但識琴中趣，何勞弦上音。

生命交響樂就在自己之內，是你帶著交響樂到處走。而外在的人和物，只不過是決定樂團要演奏哪首特別的曲子而已。當你不再有自己的偏好和偏愛時，樂團就能自行演奏，不再需要外在的刺激。

現在你擁有的快樂，已經不是外在加諸於你，也沒有任何外在之物可以從你那裡奪去快樂了。

這裡還有一個愛的問題：你的快樂是出自你不知道的理由，這樣的愛能持久嗎？沒有人能保證。因為愛不能有任何偏袒、不完整，所以它持續的時間可能不長，它的來去端看你的心靈是醒寤的或者沉睡的。

然而有一點可以確定，一旦你經驗了愛，即使只有一瞬間，你就會知道不論是如何昂貴的代價、如何巨大的犧牲，甚至是要你失去眼睛、切斷雙手，都值得你去換取這世上唯一能使你的人生有價值的——愛。

倘若你的手使你跌倒，砍掉它！
你殘廢進入生命，比有兩隻手而往地獄裡，
到那不滅的火裡去更好。
倘若你的眼使你跌倒，剜出它來！
你一隻眼進入天主的國，比有兩隻眼被投入地獄裡更好。

——馬爾谷（馬可）福音 9 章 43-45 節

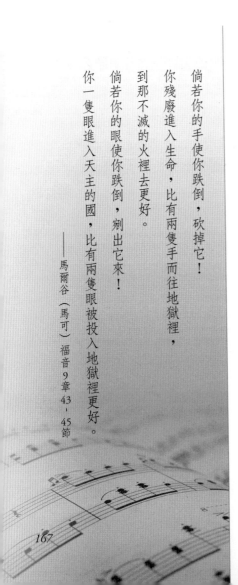

26 痛苦與榮耀

回想一下你人生中讓你感到痛苦的事，其中有一些你到今天都還感謝它們，因為有了這些經歷，你才能有所成長。這是一個簡單的人生真理，卻極少人知道。快樂的事能為人生帶來喜悅，卻無法帶領人成長、發現自我、尋獲自由。只有那些讓我們痛苦的人、事、狀況，才能引導我們獲得成長、發現自我、得到自由。

每件痛苦的事當中，都蘊含著成長和釋放的種子。在這真理的光照下，請回顧一下你的過去，審視你那時不知感恩的一件或幾件事，過去你可能不曾發現，也因而無法受惠，那麼現在的你是否能發現那蘊含其中、讓你得以成長的種子呢？

再想一想近期內讓你感到痛苦、產生了負面情緒的事。無論讓你產生那些負面情緒的是誰或是什麼事，那些都是你的老師，因為他們向你展現了許多你可能不曾知道的自己。他們激發你去瞭解自己、發現自己，也邀請你邁向成長、生命和自由。

你可以試著這樣做：當你遇到一件讓你痛苦的事時，辨識一下這件事引發你產生的負面情緒。是焦慮、不安全感、妒嫉、憤怒，還是罪惡感？那些負面情緒想對你說什麼？它們想告訴你關於你自己、你的價值觀、你看待世界的方式、你對人的認知，尤其是你的成見和你被制約的行為。

如果你能發現這一點，就能擺脫你至今仍把持不放的執著幻覺、改變你的既定認知、糾正你的錯誤信念，並學會如何超越痛苦。只要你領悟到，造成這一切的是你腦內的既定程式，並不是事物的真實樣貌，突然之間你就會發現，你對那些負面情緒以及引發它們的人和事物都充滿了感恩之情。

現在再進一步，觀察你對自己不滿意的地方，包括你的想法、感受、言語和行為。還有你的負面情緒、缺點、障礙、錯誤、執著、神經質、包袱，甚至你的罪。你能看到每一樣都是你成長的必要部分嗎？

正是你討厭自己的那些部分，為你、為他人提供了成長的希望和恩典。如果你曾經使他人痛苦、讓他們產生了負面情緒，那你不也是他們的老師，為他們提供了發現自我和成長的管道嗎？你可以這樣持續地自我觀察，直到你領悟到這一切原來都是喜樂的錯誤和必要之罪，能讓你自己和這個世界都受益良多。

如果你能持續這樣做，你的心將滿溢著平安、感恩、愛與包容。你會找到人們到處尋覓而不得的寶藏，那就是深藏在每個人心中的安寧和喜樂之泉源。

默西亞不是必須受這些苦難，
纔進入他的光榮嗎？
——路加福音 24 章 26 節

27 覺醒的火花

如果你想知道快樂是怎麼一回事，就看看一朵花、一隻飛鳥，或是一個孩童，他們是天國的完美寫照。因為他們活在永恆的此時此刻之中，沒有所謂的過去和未來。所以，他們沒有令人困擾的憂慮和罪惡感，生命充滿了單純的喜悅，這喜悅不是為了某個人或某件事物，而是來自生命本身。

只要你的快樂是依賴自己之外的人或事物，或是要靠他們來支持，那你仍然處於死亡之地。等到哪天你發現你的快樂是不為任何理由的，因為每件事都使你喜悅，即使無事你也同樣開心，到了那時你就會知道，你已找到了永恆的喜樂——人們稱之為「天國」。

找到天國，是這世上最困難、也是最容易的事。說它容易，是因為它就在你的身邊和你的內在，你只要伸手擷取就能擁有它了。說它困難，是因為如果你想要擁有它，你必須放下一切。也就是說，你要放下你內心對人、對事物的所有依賴，卸下那一直操控你的力量——無論那力量是會激發你、令你興奮、給你安全感，或是使你感覺良好。

首先，你必須毫不畏懼地看清這簡單且令人震撼的真理：**絕對沒有任何東西能使你快樂**。這和你的文化、宗教所教導你的道理完全背道而馳。

只要看清這一點，你就不會總是為了找到快樂，從這個工作換到另一個工作；從這群朋友換到另一群朋友；從一個地方、一種靈修、一位導師再換到另一個、另一種或另一位導師。這些都不會帶給你真正的幸福快樂。它們只會帶給你短暫的興奮和剛開始時很強烈的歡愉，然後你就會因為失去它們而痛苦，或是因為保有它們久了而感到厭煩。

回顧一下過去無數個曾使你感到興奮和歡愉的人、事、物，它們後來都怎樣了呢？每個都使你感到痛苦，不是嗎？看清這一點是絕對重要的，只有看清這一點，才能找到喜悅的國度。

絕大部分的人都要等到他們一再地經歷這個幻滅和痛苦之後，才能看清這一點。甚至千萬個人當中，只有一個人願意看清這一點。至於其他的大多數人，他們可悲地敲著別人的門，手上拿著乞討的碗，乞求別人的愛、認同、指導，乞求著權力、榮耀和成功。他們固執己見，拒絕瞭解快樂並不存在於這些東西之中。

如果你往心靈深處探尋，你會發現：如果你將覺醒和不滿足的火花煽成火燄，那火勢足以燃起燎原的大火，燒毀你所置身的幻覺世界，而在你充滿驚訝的眼中，你將看到你一直居住其中、卻從未意識到的國度。

你是否曾對生活感到厭倦，覺得自己的心病了，想要逃離焦慮和恐懼？你是否對你的乞求生活感到疲憊，被各種執著和上癮折磨得筋疲力盡？你是否曾經覺得，為了取得學位、找好工作而拼命努力，最後卻只能困守在一成不變的無聊生活中，這一切實在毫無意義可言？或者你是個追逐成就的人，你的人生就是不停地追求物質的目標，生活中只有因追逐而引發的各種情緒波動？

如果你的答案都是肯定的，那表示你的心中已經升起了對生命感到不滿的神聖火焰。現在就是滋養這神聖火焰的時刻，為它添加柴火，以免生活中的例行雜事將它澆熄。現在就是檢視生活的神聖時機，你必須退一步好好地檢視你的生活，讓這火焰繼續燃燒，不要讓任何事物干擾你做這件事。

現在就是該看個清楚的時候了：**在你自身之外，絕對沒有任何東西能帶給你恆久的快樂**。

當你發現這一點時，你會察覺到內心有股恐懼升起，如果你容許心中的不滿之火繼續燃燒，這恐懼將轉變成一股強烈的熱忱，它會緊捉著你，讓你反抗你的文化和宗教灌輸給你、要你視為珍寶的一切，包括你的思考、感受、看待世界的模式，這些都是你曾被洗腦而接受的。這股吞噬的火燄不僅會動搖你的船隻，還會將整艘船都燒成灰燼。

突然間你恍然大悟，發現你已活在完全不同的世界中，已經無限地遠離周遭的人了。因為他人所追逐重視的榮耀、權力、接納、肯定、安全和財富，對你而言已是腐朽的垃圾，被你棄之如敝屣。而人們想要永遠逃離的那些事物，對你而言卻已不再可怕。你變得寧靜詳和、無恐無懼、自由自在，因為你已踏出幻覺的世界，進入了天主的國度。

注意不要混淆了，這神聖的不安，與有時會導致人們瘋狂而自殺的無奈、絕望完全不同。後者不會帶你走向生命的奧秘，反而會引你走向神經質的自我毀滅。也不要把它與怨天尤人者的牢騷、不滿混淆了。這些人不論任何時候、對任何事都充滿抱怨，但他們並不是秘契者或悟道者，他們的鼓譟只是為了改善牢房的條件，但其實他們真正該做的是衝破牢房、重獲自由。

大部分的人在對生活感到不滿、發覺內心的不安時，通常會有兩種情況：一種是逃避；另一種則是狂熱地追逐工作、社交、友誼以發洩心中的不滿與不安，或是轉而投入社會工作、文學、音樂等所謂的創造性工作，這能讓他們安於現狀，殊不知他們需要的其實是改革。雖然這些人的生活看起來非常活躍，其實一點兒都沒有真正地活著：他們是死的，因為他們安於活在死亡之地。

要測知你內心的不滿與不安是不是神聖的不安，端看它是否帶著哀傷和痛苦。神聖的不安是不帶任何哀傷和痛苦的。雖然你有時心中仍會有點恐懼，但它總是與喜悅相隨——那是屬於天國的喜樂。

這裡有個關於天國的比喻：它就像是一個埋在地裡的寶。有人發現它，又把它埋回地裡，然後帶著全心的喜悅，變賣所有一切以換取那塊地。假如你尚未找到寶，請不要浪費時間去尋覓，因為**它可以被發現，卻無法被尋求**。現在的你可能還不知道什麼是寶，你所熟悉的只是你現在已然上癮的快樂。所以你尋覓什麼呢？要到哪兒去尋覓？不，還不如在你心中找尋那不安與不滿的火花，仔細照顧它，直到它形成燎原的大火，將你的世界燒成一堆瓦礫。

無論老少，我們當中大部分的人心中的不滿，通常是因為想要某些東西——更多的知識、更好的工作、更好的車、更高的薪資。我們的不滿乃是基於「貪多」的欲求，我們想要更多、想要更好。但是我所指的並不是這種「不滿」，這種不滿只會使我們無法清楚地思考。

如果我們的不滿不是「貪多」的欲望，而是不知道自己需要的到底是什麼；如果我們是對工作、賺錢、名利、權勢感到不滿足，對傳統感到不滿足，對現在所擁有的或未來可能擁有的一切感到不滿足；如果我們不是為任何特定的東西感到不安與不滿足，而是為所有的一切感到不安與不滿足；那麼我們將會發現：這股不滿足會帶來清晰明澈的心靈。當我們不再全盤接受或隨波逐流，而是能質疑、探究、深入洞察，隨之而來的便是創見和喜悅。

你大部分的不安都源自於對某些東西的不足感——你不滿意你沒有足夠的金錢、

權力、成功、名利、價值、愛或神聖。這樣的不安與不滿並不會帶給你天國的喜悅，因為它的根源是貪欲和野心，其結果就是讓你坐立難安、充滿挫折與無奈。

有一天，當你的不安與不滿不是因為「貪多」，而是因為不明白自己所要的到底是什麼；當你的心已厭倦於你所追求的一切、甚至厭倦於追求這件事本身；屆時，你的心將會豁然開朗，清晰的洞見隨之而生，你將奇蹟似地發現，每件事都使你喜悅，即使無事你也同樣開心。

我來是為把火投在地上，
我是多麼切望它已經燃燒起來！
——路加福音12章49節

28 不要為明天憂慮

每個人都曾在某些時候體驗過所謂的不安全感。你可能會對自己銀行內的存款、朋友給你的關愛，或對自己的教育背景感到不安。你也可能會對自己的健康、年齡、身材、容貌感到不安。

如果有人問你：「是什麼讓你有不安全感？」你幾乎確定會給出錯誤的答案。你可能會說「因為朋友沒給我足夠的愛」或「我沒有我需要的學歷背景」或諸如此類的回答。換句話說，你會指向外在環境的狀況，而沒有領悟到你的不安全感不是由外在環境所造成，而是來自於你的情緒既定程式，以及你輸進自己腦袋的某些東西。

其實，只要你的程式改變，即使外在的環境與之前一樣，你的不安全感也會立刻消失。有的人不會因為銀行裡毫無分文而感到不安，有的人銀行裡有著千萬存款卻仍然覺得不安全。問題不在於錢的數量，而在於他們腦中的「程式」。有的人沒有固定的知心好友，但他處於人們的愛中，擁有很深的安全感；有的人即使擁有專一、完全占有對方的關係，卻依然感到不安全。你會再一次發現，造成兩者不同的關鍵，便在於「程式」。

如果你想要處理你的不安全感，你必須好好地研究、瞭解以下四個事實：

第一個事實：試圖以「改變外在環境」來撫平你的不安全感，是白費工夫。你的努力或許會成功，大部分的情況卻不然。它們或許會帶來一些疏解，但那只是暫時的疏解。所以，花費時間精力去改善外在的體型面貌、賺更多的錢，或從朋友那裡取得更多的肯定和愛，根本就不值得。

第二個事實：你要處理的真正問題所在，是你的腦袋。想想看，有人處在與你現在完全相同的狀況，卻沒感覺到絲毫的不安全。既然有這樣的人存在，就表示問題不在於外在的現實狀況，而在於你，你腦中的既定程式。

第三個事實：瞭解到你的程式是從一些沒有安全感的人身上習得的。這些人在你年紀很小、可塑性還很高的時候，就以他們的行為和恐慌反應來教導你，每當外在環境不能配合你腦中的既定模式時，你的內在就要產生名叫「不安全感」的情緒波動，而且你必須盡己所能地去改變外在的世界——賺更多的錢、尋求更多的肯定和安慰、取悅你曾得罪過的人……等等，一切都只是為了讓你的不安全感消失。

你只要單純地領悟到，你不需要這麼做，而且這樣做也無濟於事、不能解決問題，那些情緒騷動其實是你自己和你的文化所造成的。瞭解了這一點，便能使你遠離問題，並獲得相當的釋放。

第四個事實：事到臨頭，你一定能把事情處理好的。每當你對未來可能發生的事而感到不安全時，只要記住：在過去半年或一年裡，你也曾為了某些事情而不安、擔心，但當事情終於來臨時，你其實都有能力把事情處理好。對此，你應該感謝的是你的能力和當時所獲得的資源，而不是事情發生前心中的種種焦慮，那些焦慮只是無謂的痛苦，還會讓你在情緒上更加脆弱。

所以，請對自己說：「對於未來的事，如果我能做什麼，我現在就做，做完以後就順其自然。我要安心享受於此時此刻，因為經驗告訴我，我只能處理現在正在發生的事，無法處理尚未發生的事。而我所處的此時此刻總會給我所需要的能力和資源，讓我把事情處理好。」

唯有當你得到了天上的飛鳥和田野中的百合花所擁有的天賜能力，全心全靈地活於此時此刻，不安全感完全消失的時刻才會到來。無論當下的狀況是多麼痛苦，人總是有能力承擔的。你所無法承擔的，是你想像中認為五小時或五天之內會發生的事，以及你腦海中不斷對自己說的話，例如：「這太糟糕了，我根本無法承受，這還要持續多久……」

從某方面來說，小鳥和花朵比人類更有福氣，因為在它們的腦袋裡，沒有未來的觀念和文字，也不會焦慮伙伴對它們有什麼想法。這就是為什麼它們是天國的完美寫照的原因。

所以，不要為明天憂慮，明天總會自行解決的。你每一天要煩惱的事已經夠多了，與其關注那些事，不如先把你的心安置在天主的國度裡，其他的一切自會就緒。

為此，我告訴你們：
不要為你們的生命憂慮……
你們仰觀天上的飛鳥……
觀察一下田間的白合花……

——瑪竇（馬太）福音6章25-29節

29 失落與獲得

你是否曾經注意到，那最怕死的人，通常也是最怕活著的人？當我們逃避死亡之際，不也正是在逃避生命？

想像一下一個住在閣樓裡的人，他住的地方又小又窄，沒有光線，也不通風，他卻不敢下樓，因為他聽說有人因為下樓而摔斷了脖子。他也從未穿越街道，因為他聽說有數以千計的人在路上被車子輾斃。當然，如果他連穿越街道都不敢，又怎麼可能橫渡海洋、陸地，擁有不同的世界觀呢？這人緊緊依附在小小的閣樓裡，試圖逃避死亡，他卻不知道，他這樣做的同時，也是在逃避生命。

死亡是什麼？是失去、消逝、放下、道別。當你緊緊捉住時，你拒絕放下、拒絕道別，你抗拒死亡。你可能沒意識到，同一時間你也抗拒生命。因為生命是一直往前進的，而你卻卡住不前；生命是川流不息的，而你卻停滯不動；生命是靈活自在的，而你卻僵硬死板。生命載萬物而行，你卻渴求著安頓於恆常不變。

因此你恐懼生命、恐懼死亡，因為你緊捉不放。當你不再緊捉任何東西、不害怕失去任何東西時，你才能自由自在，如山泉一般川流不息，常保新鮮、晶瑩與活力。

有些人無法想像失去親人或朋友的感覺，他們寧願不去想，也害怕挑戰，害怕失去自己堅信的理論、主張或信念。他們相信，自己一旦缺少了那些珍貴的人、身分和事物，就活不下去了。

你想知道有什麼方法能衡量你有多僵硬死板嗎？很簡單，當你失去你所珍惜的人、事物、觀念時，觀察一下你感受到的痛苦程度。你的痛苦與哀傷將會出賣你的執著，不是嗎？當你所愛的人死亡或失去了一位好友，為什麼你會如此地哀傷？你從來不曾花費時間仔細思索，所有的事物總有改變、消逝和死亡的一天。

因此，死亡、失落、分別總是令你感到驚愕。你選擇活在自己的幻覺小閣樓裡，假裝事物永不改變、永遠會保持一樣。這就是為什麼當生命的重擊突然擊碎你的幻覺時，你會感到那麼痛苦的原因。

為了生活，你必須面對與正視現實，然後才能擺脫對於生離死別的恐懼，學會接受生命中的變化、不確定，以及各種新事物。你也能不再害怕失去已知的事物，而能期待、等候、迎接各種陌生和未知的事物。

如果你所追求的是生命，這兒有個練習方法，它或許會帶來痛苦，但也能帶給你自由的喜悅。你可以問問自己，你會因為失去某人或某物而哀傷不已嗎？你可能是那種無法忍受失去親人朋友、甚至連想都不能去想的人。如果是這樣，那此時你應該做的，就是去面對你所愛之人、所愛之物的死亡、失落與分離。

在腦海中默默觀看這些人和這些事物的模樣，想像他們將與你永遠地分離，在心裏向他們一一道別，說謝謝，再見。

在你經驗到痛苦的同時，也是在經驗執著的消失；然後，某種東西將在你的意識中浮現，那是一種孤獨、一種孤寂，它會慢慢地擴展，直到蔓延成一片無邊無際的廣闊天空。

在那孤獨中，就是自由；在那孤寂中，就是生命。在那不執著之中，就是心隨萬境，能享受、品味生活中的每個時刻。此時，你已擺脫了焦慮、緊張、不安全感，不再渴求恆常不變與執著，不再害怕失落與死亡，於是生活中的每一分、每一秒，都變得更加甘甜、美好。

誰獲得自己的性命，必要喪失性命；
誰為我的緣故，喪失了自己的性命，
必要獲得性命。

——瑪竇（馬太）福音10章39節

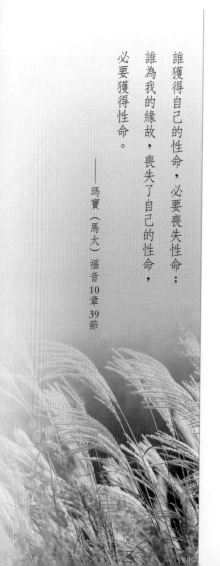

30 點亮身體的燈

我們常會這樣想：如果人們能多一點善意和包容，這世界就有救了。其實，這樣的想法並不正確。能拯救世界的不是善意和包容，而是清晰明澈的思考。

如果你確信你沒有錯，錯的是不認同你的別人，那善意和包容有什麼用呢？那樣的包容不是包容，而是自認在高位、勉強配合對方而已。那無法走向合一，只會走向分裂，因為你高高在上，別人則在下。這樣的位置讓你心中充滿優越感，你的鄰人卻充滿怨恨，反而更加深了不寬容。

只有當你敏銳地覺察到「人們對真理其實極度無知」的時候，真正的包容才有可能產生。因為真理在本質上是一個奧秘，我們的心靈可以感受它，卻無法加以掌握，更別提要清楚地把它說出來了。我們的信念可以指向它，卻無法將之訴諸於語言文字。只是即使如此，人們還是認為「言語交談」很有價值。然而，「言語交談」其實可以是一種偽裝，用來掩飾你想說服別人「你是對的」的意圖；它頂多能讓你不要成為一隻以為自己的井就是全世界的井底之蛙罷了。

如果有不同的井底之蛙聚在一起交談、分享牠們的信念和經驗，結果會怎樣呢？牠們的視野可能會拓展，也會接受原來除了自己的井之外，還有其他的井存在。但是，牠們仍然不會去質疑，也不會知道這世上還有不被概念之牆所侷限的真理海洋存在著。我們可憐的蛙兒繼續區分著彼此，談話中都是「我的」、「你的」這些詞，還有「你的經驗」、「我的信念」、「你的主張」和「我的主張」……。

分享這些既定程式並不會使分享者更富有，因為程式只會建造分隔的圍牆；只有寬容而不受侷限的海洋可以走向合一。然而，想要抵達那不受侷限的真理之洋，清明的思考是非常重要的。

清明的思考是什麼？要怎麼做怎能擁有清明的思考？首先你要知道，它不需要任何偉大的學問。它非常簡單，連一個十歲的孩子都可以學得。它需要的不是學習，而是捨棄所學；**它需要的不是聰明才智，而要勇氣**。

想要瞭解這一點，你可以想像一個小孩被又老又醜的女僕抱在懷中，這小孩太小，還沒有學到大人們的偏見。當這小孩依偎在老婦人的懷中時，他回應的對象不是他腦中的標籤：白人婦女還是黑人婦女、醜的還是美的、年老還是年輕、母親還是僕人，而是直接回應了實相——那婦人滿足了孩子對愛的需要。那才是孩子回應的現實，而不是回應婦人的姓名、外型、宗教、種族和階級，這些東西和實相一點關係也沒有。

孩子還未擁有任何信念和成見。在這樣的情況下，才能孕育出清明的思考。為了達到這個境界，我們必須將所學得的一切拋棄、把腦袋清空，獲得孩童般的純真心靈。如此一來，過去的經驗和程式就再也無法阻擋我們去看清實相了。

試著深入自己的內在，檢視你對人和狀況的各種反應，你會驚駭地發現，在你的反應背後竟然藏有這麼多成見。從過去到現在，你幾乎不曾對這人或這事的具體實相作出回應，你所回應的都是你的原則、主張，信念系統（經濟上、政治上、宗教上和心理上）以及先入為主的概念與偏見（不管是積極或消極的）。

逐一檢視你對每個人、每件事和每個狀況的反應，把「實相」與「你的經驗程式所設定的認知和投射」分開，找出你的偏見。這個練習將帶給你的神聖啟示，不遜於任何一本重要的經書。

偏見和信念不是清明思考的唯一敵人，還有另外一對敵人，名叫「欲望」和「恐懼」。想要獲得清明的思考——不被欲望、恐懼、私心所汙染的思維——並不容易，需要艱苦的修鍊。人們總是誤以為思考是由頭腦所執行，事實上真正主導的是我們的心，是心先下了結論，然後才命令頭腦為這個結論作各種辯護。所以，這又是一個神聖的啟示來源。

檢視一些你所下的結論，看看其中摻雜了多少你的私心。你會發現每一個結論都是這樣，除非你抱持的是暫時性的觀點。想想看你是多麼地堅持你對別人所下的定論。你所有的判斷都沒有任何情緒的汙染嗎？如果你認為沒有，那表示你可能看得還不夠清楚。

這就是造成人與人之間、國家與國家之間各種分裂與不和的主要原因。你的利益與我的利益不合，所以你的思考和結論無法和我的達成共識。在你知道的人當中，有多少人能做到思考時完全不受個人利益的影響？在你的記憶裡，有多少次你沒陷入那樣的思考模式中？有多少次你能成功地突破難以跨越的障礙，不讓自己的思考受到攪動你心的恐懼和欲望所影響？

當你一次次地試圖克服這思想的障礙時，你就會明白：清明澄澈的思維需要的並不是聰明才智（比起來那還容易些），而是戰勝恐懼和欲望的勇氣——因為每當你欲求或恐懼某樣東西時，你的心會有意無意地妨礙你的思考。

這是靈修大師們所深刻體認到的。他們領悟到真理並非存在於教條公式之中，想要尋求真理，需要的是一顆願意剝除既定程式、捨棄追求私利的心，如此一來，思考才能就緒、進行。這顆心不須防衛什麼，也沒有欲求和野心，所以它能卸下束縛思維的鎖鏈，任由心智無恐無懼、自由自在地漫遊，尋求真理；這顆純淨的心隨時準備好接受新的事物、改變它的觀點。

這樣的心靈將成為一盞明燈，照亮人性與世人心中的黑暗。如果世上每個人都擁有這樣的心靈，那人們就再也不會想著自己是共產主義或資本主義，是基督徒、回教徒還是佛教徒。他們清明純淨的思維會告訴他們：一切的思維、概念、信念都是全然的黑暗之燈，只會顯出它們本身的無知無明。

在這樣的領悟中，人們之間的分隔之牆將會倒塌，而在真理中將所有人結合為一的海洋之水，將會盈滿你我的心。

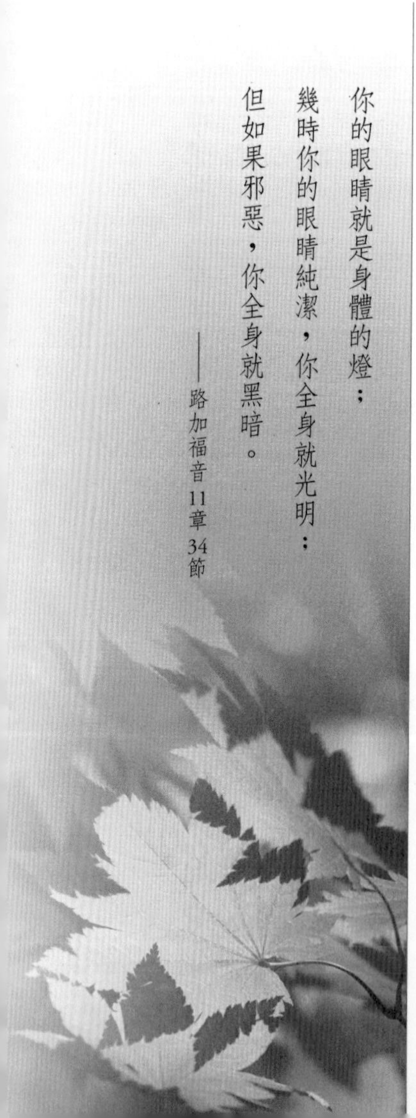

你的眼睛就是身體的燈；
幾時你的眼睛純潔，你全身就光明；
但如果邪惡，你全身就黑暗。

——路加福音 11章 34節

31 準備啓程

無論是早是晚，總有這麼一天，你的心中會升起一種渴求，渴慕著神聖、靈性，還有神（你也可以依你喜歡地稱呼祂，沒有限制）。人們可能聽秘契者說過環繞在他們周遭的神性，好像那是可以被人掌握的；只要我們能夠找到它，就能使我們的生命更有意義、更美好、更富足。

然而，關於「它」到底是什麼，人們只有模糊的概念。他們看一些書、請教了老師，想知道自己該做什麼才能得到那難以捉摸、被稱之為「神聖」或「靈性」的事物；為此他們尋找、使用了各種方法、技巧、神操、公式。經過多年努力，卻毫無成果，他們開始感到氣餒與困惑，懷疑是那裏出錯了。大部分的人會埋怨自己，覺得自己如果能更常練習那些技巧，或是能更熱心、更慷慨，或許就成功了。

但是，他們想要成功什麼呢？他們對自己所追求的神聖與靈性沒有清楚的認知，不知道那到底是什麼；他們卻非常肯定地知道自己的生活仍然一片混亂，他們仍然感到焦慮、不安、害怕、憤恨、記仇、貪婪、充滿野心、想操控他人。所以他們再次投入新的熱忱和努力，認為非達到目標不可。

他們從來不曾停下來，思考一下這個簡單的事實：他們的努力只會帶他們走到死巷，不但對事情沒有幫助，還會弄巧成拙，就像你想用火來滅火，情況只會變得更糟糕。努力並不會帶來成長，無論是哪種形式的努力，意志力、習性、技巧或靈修都不會帶來改變，它頂多只能壓抑、遮蓋疾病的根源。

努力或許可以改變人的行為，卻無法改變人的本身。當你問「我必須做什麼才能得到神聖？」的時候，想想這問題暴露了你的什麼心態。這不就等於問「我要花多少錢才能買到它？」、「我必須犧牲什麼？」、「我要進行哪一種修鍊？」、「我應該做哪一種冥想？」嗎？

想想看，這不也像是一個男人為了贏得一個女人的愛，試圖改變自己的外表、拼命健身或改變行為模式，想藉由練習這些「技巧」來吸引她嗎？

可是，要真正贏得他人的愛，靠的不是技巧，而是你是什麼樣的人。人格特質不是透過努力或技巧就能獲得的，而神聖、靈性也一樣。不是你要做去什麼，而是「什麼」把它們帶給了你。它們不是我們可以買到的貨品或贏得的獎品。重要的是你是什麼樣的人，你將變成什麼樣的人。

神聖不是一種成就，而是恩典。這項恩典叫做「覺知」，也叫做「注視」、「覺察」和「瞭解」。如果你願意點亮覺知之燈，觀察自己和周遭的一切一整天；如果你能看見反映在覺知之鏡上的自己，就像你在玻璃上看見自己的倒影一般；那便是你和周遭一切最正確、清楚、精準的真實面貌，沒有絲毫扭曲或增減。

如果你能觀察這些映像而不做任何判斷或譴責，你將會經驗到許多發生在自己身上的奇妙改變。只是你不會被這些改變所控制，也不會想去預先計畫，或想去決定它們發生的時間和地點。唯有這樣不帶任何判斷的覺知能夠療癒、改變、使人成長。但是，它有它的時間和方式。

什麼事物是你應該特別去覺知的呢？那就是你的反應和你的人際關係。當你面對人、面對自然或任何特殊狀況時，你會有各種不同的反應，其中有積極的，也有消極的。探究這些反應，觀察它們到底是什麼、來自哪裡，而不要帶有任何說教、罪惡感或欲望，更不要花費力氣試圖改變它們。如果你希望神聖能自然地在你心中升起，你要做的就只有這個。

可是覺知本身不就是一種努力嗎？不，如果你曾有過覺知的經驗，就會知道那不是。你會瞭解覺知是一種喜悅，一個孩子好奇地向外探尋世界那樣的喜悅。即使你的覺知揭發了你內在一些令人不愉快的事，它仍然會帶來釋放和喜悅。然後你將會知道，沒有覺知的生命是不值得活的，那樣的生命只會充滿黑暗和痛苦。

在你剛開始練習覺知的功課時，如果你覺得自己進度遲緩，不必強迫自己。那又是一種努力。只要單純地覺察你的遲緩，不給予任何判斷或是譴責，然後你就會瞭解：覺知所需要的那種心力，是像一個熱戀之人前去會見自己的愛人、像一個飢餓之人尋找可以飽足的食物、像一個登山家登上自己嚮往已久的高峰；你要耗費許多的精力，甚至要歷盡千辛萬苦，但那不是「努力」，而是樂趣！換句話說，覺知是無為，無須努力。

覺知會帶來你所渴求的神聖嗎？可能會，也可能不會。事實上，你永遠不會知道答案。因為真正的神聖並不是透過技巧、努力或壓抑而來，真正的神聖是完全的「無我」意識——你根本沒有意識到它存於你的內在。

除此之外，你也根本不會在意，因為當覺知使你的生活時時刻刻都圓滿、快樂、清明透澈的時候，你想要追求神聖的野心也會自然消失。對你而言，只要保持注意和覺知就足夠了。

在這樣的境界中，你的眼睛所看見的將會是神，是救主，而不會是其他任何事物，絕對不是。不是安全，不是愛，不是歸屬，不是美，不是權力，不是神聖——此刻，其他所有的一切都已經不再重要了。

為此，你們應該準備，
因為你們不料想的時辰，人子就來了。

——瑪竇（馬太）福音24章44節

國家圖書館出版品預行編目資料

愛在光中：享受自由與喜樂的31天冥想 / 戴邁樂(Anthony de Mello)著；李純娟譯. --
初版. -- 臺北市：啓示出版：家庭傳媒城邦分公司發行, 2014.04
面；　公分. -- (Soul系列；41)
譯自：Call To Love: Meditations

ISBN 978-986-7470-89-8 (平裝)

1.天主教　2.靈修

244.93　　　　103004161

Soul系列041

愛在光中：享受自由與喜樂的31天冥想

作　　者／戴邁樂（Anthony de Mello）
譯　　者／李純娟
企畫選書／彭之琬
總 編 輯／彭之琬
責任編輯／李詠璇

版　　權／林心紅、吳亭儀
行銷業務／何學文、莊晏青
總 經 理／彭之琬
發 行 人／何飛鵬
法律顧問／台英國際商務法律事務所羅明通律師
出　　版／啓示出版
台北市104民生東路二段141號9樓
電話：(02) 25007008　傳眞：(02)25007759
E-mail:bwp.service@cite.com.tw
發　　行／英屬蓋曼群島商家庭傳媒股份有限公司 城邦分公司
台北市中山區民生東路二段141號2樓
書虫客服服務專線：02-25007718；25007719
服務時間：週一至週五上午09:30-12:00；下午13:30-17:00
24小時傳眞專線：02-25001990；25001991
劃撥帳號：19863813；戶名：書虫股份有限公司
戶名：英屬蓋曼群島商家庭傳媒股份有限公司城邦分公司
訂購服務／書虫股份有限公司客服專線：（02）2500-7718；2500-7719
服務時間：週一至週五上午09:30-12:00；下午13:30-17:00
24時傳眞專線：（02）2500-1990；2500-1991
劃撥帳號：19863813 戶名：書虫股份有限公司
讀者服務信箱：service@readingclub.com.tw
城邦讀書花園：www.cite.com.tw
香港發行所／城邦（香港）出版集團有限公司
香港灣仔駱克道193號東超商業中心1樓；E-mail：hkcite@biznetvigator.com
電話：(852) 25086231　傳眞：(852) 25789337
馬新發行所／城邦（馬新）出版集團 Cite (M) Sdn. Bhd.
41, Jalan Radin Anum, Bandar Baru Sri Petaling, 57000 Kuala Lumpur, Malaysia.
Tel: (603) 90578822 Fax: (603) 90576622 Email: cite@cite.com.my

封面設計／張福海
排　　版／極翔企業有限公司
印　　刷／城邦印書館股份有限公司
經 銷 商／高見文化行銷股份有限公司、華宣出版有限公司
地址：新北市樹林區佳園路二段70-1號
電話：(02)2668-9005　傳眞：(02)2668-9790　客服專線：0800-055-365

■2014年4月10日初版
■2019年12月31日初版3.5刷
定價240元

Printed in Taiwan

城邦讀書花園
www.cite.com.tw

啟示出版 Apocalypse Press

廣	告	回	函
北區郵政管理登記證			
北臺字第000791號			
郵資已付，免貼郵票			

104　台北市民生東路二段141號2樓

英屬蓋曼群島商家庭傳媒股份有限公司城邦分公司　收

請沿虛線對摺，謝謝！

啟示出版 Apocalypse Press

書號：1MA041　　　書名：愛在光中

請於此處用膠水黏貼

啟示
Apocalypse Press
出版

讀者回函卡

感謝您購買我們出版的書籍！請費心填寫此回函卡，我們將不定期寄上城邦集團最新的出版訊息。

姓名：＿＿＿＿＿＿＿＿＿＿＿＿＿＿＿ 性別：□男 □女

生日：西元＿＿＿＿＿年＿＿＿＿＿月＿＿＿＿＿日

地址：＿＿＿＿＿＿＿＿＿＿＿＿＿＿＿＿＿＿＿＿

聯絡電話：＿＿＿＿＿＿＿＿＿＿ 傳真：＿＿＿＿＿＿＿＿＿＿

E-mail ：

學歷：□ 1. 小學 □ 2. 國中 □ 3. 高中 □ 4. 大學 □ 5. 研究所以上

職業：□ 1. 學生 □ 2. 軍公教 □ 3. 服務 □ 4. 金融 □ 5. 製造 □ 6. 資訊
□ 7. 傳播 □ 8. 自由業 □ 9. 農漁牧 □ 10. 家管 □ 11. 退休
□ 12. 其他＿＿＿＿＿＿＿＿＿＿＿＿＿＿＿＿

您從何種方式得知本書消息？

□ 1. 書店 □ 2. 網路 □ 3. 報紙 □ 4. 雜誌 □ 5. 廣播 □ 6. 電視
□ 7. 親友推薦 □ 8. 其他＿＿＿＿＿＿＿＿＿＿＿＿＿＿＿＿

您通常以何種方式購書？

□ 1. 書店 □ 2. 網路 □ 3. 傳真訂購 □ 4. 郵局劃撥 □ 5. 其他＿＿＿＿

您喜歡閱讀那些類別的書籍？

□ 1. 財經商業 □ 2. 自然科學 □ 3. 歷史 □ 4. 法律 □ 5. 文學
□ 6. 休閒旅遊 □ 7. 小說 □ 8. 人物傳記 □ 9. 生活、勵志 □ 10. 其他

對我們的建議：＿＿＿＿＿＿＿＿＿＿＿＿＿＿＿＿＿＿＿＿
＿＿＿＿＿＿＿＿＿＿＿＿＿＿＿＿＿＿＿＿
＿＿＿＿＿＿＿＿＿＿＿＿＿＿＿＿＿＿＿＿

請於此處用膠水黏貼

啟示出版《Soul 系列》

書名	作者／定價	內容介紹
如何去愛	若望・保祿二世／著 定價 240 元	前教宗若望保祿二世親自執筆寫書，提供他的智慧，提供一個指引，做你的專屬心靈導師，教你怎樣愛你自己、愛你的家人，如何滿足內心的渴望、找到幸福的泉源。
無所畏懼：最有力量的聖經禱詞	嘉蘭・柯隆寧／著 定價 240 元	從所羅門王的詩歌、到約伯的哀歌、到瑪利亞的頌歌，101 則直接出自聖經的禱告，引導你在正確的時機做正確的禱告。
101 句讀通聖經	史帝夫・瑞比／著 定價 240 元	《聖經》蘊藏了世界上最寶貴的啟示和力量，本書為你打通閱讀《聖經》困難的任督二脈，提綱挈領地掌握《聖經》的要義，親自體驗《聖經》浩瀚的世界。
隱修士牟敦悟禪	多瑪斯・牟敦／著 定價 270 元	靈修大師多瑪斯・牟敦（Thomas Merton）晚期對於東方靈修、特別是佛學興趣濃厚興趣，本書可以說是牟敦靈修著作的里程碑。
聖經：力量的泉源	吉米・卡特／著 定價 250 元	本書是美國前總統卡特將他在家鄉教會的成人主日學上課講義整理後出版。
等風把雲吹走	蕭世英／著 定價 260 元	超過 70 幅觸動人心的攝影圖片，搭配撫慰人心的最美麗聖經經句，造就一場揮別鬱悶，視覺與心靈的饗宴。
祈禱的美麗境界	奧村一郎／著 定價 220 元	對祈禱感興趣的人都需要讀這本書，從基礎開始，告訴你如何祈禱。本書作者分享一位亞洲基督徒樸實的靈修經驗。
一個人的價值高於全世界：天主教善牧基金會的故事	天主教善牧基金會／著 定價 280 元	善牧基金會主動接觸那些在生活中被排斥、忽略的弱勢族群，從雛妓、婚暴婦女、兒童，乃至中輟生、棄虐兒童、外籍配偶等議題，基金會的成長故事讓人動容。
一個人的聖殿：安頓心靈的七項修鍊	克里斯多夫・傑米森／著 定價 220 元	沃斯修道院的院長克里斯多夫・傑米森，透過西方隱修之祖聖本篤在一千五百年前寫下的規範，以七個修鍊提示，讓你隨時隨地皆能安頓心靈。
上帝的語言	法蘭西斯・柯林斯／著 定價 300 元	柯林斯是 21 世紀初最偉大的科學計畫「人類基因體計畫」的主持人。走在科學頂尖的他，是一位無神論者。26 歲的一晚，當住院醫師的他聽了一位久病的婦人和他分享信仰。那個時刻起，他苦思、拜訪離家不遠的教會、和牧師懇談、閱讀書籍……。這本書就是三十年來的歸信旅程。
彩虹的應許	穆宏志／著 定價 260 元	《舊約》中的場景對現代人而言，已是陌生而不易想像，因此，聖經學博士穆宏志神父，以他對聖經的了解，發揮他的想像力，從聖經章節加以衍伸，寫下二十四則聖經上沒有的故事，讓讀者能「用想像力來讀用想像力寫成的聖經」。讀過之後，對聖經會有更深一層的認識與體會！
教宗回憶錄	若望・保祿二世／著 定價 300 元	本書為前任教宗若望保祿二世晉牧四十五週年以及被選為伯多祿繼承人二十五週年時，受邀寫的回憶錄，時間是從一九五八年被任命為主教那年開始。教宗將自己從開始擔任主教工作起得到的心靈啟發形諸於文字，好與他人分享基督之愛的標記。在書中分享許多波蘭主教在納粹時期與共產時期遇上的困境，其中也包括他自己的遭遇，在困難重重之中，他們依然秉持信念執行天主的工作，鼓勵人們，其中包括許多鼓勵年輕人的智慧話語，以及從中得到的淚水與喜悅。

啟示出版《Soul 系列》

書名	作者／定價	內容介紹
泰北愛無間	孫暐皓台灣愛鄰社區服務協會／著 定價 240 元	「亞細亞的孤兒」的現場報導與「美斯樂」的旖旎風景，織就一本教會團體不為人知的善行故事。有三十三次戒毒最後成功且成為牧師、從一無所有進而推展「福音戒毒」的緬甸華僑；有「煮飯沒有砧板，把外面樹幹砍下來削平就好啦」的泰北版佐賀阿嬤……笑中帶淚地喚起「愛心化行動．天涯若比鄰」的人性光明面。
愛在生命轉彎處	李晶玉／著 定價 240 元	本書要述說的是：王文祥（美國台塑公司總裁）、紀寶如（知名童星藝人）、唐德蓉（中視新聞部採訪中心副主任）和邵揚威（雅比斯建設公司總經理）夫妻檔、馬之秦（電視電影名演員）、張成秀（台灣 Google 總經理）、郭小莊（國寶級國劇名伶）、黃晴雯（Sogo 百貨董事長）、魏德聖（電影《海角七號》導演）的生命故事，述說他們受到影響的歷程，那些不為人知的生命轉折。而改變之後，他們現在活得更好。
我的慢飛天使	林照程、蕭雅雯／著 定價 250 元	林照程、蕭雅雯這對音樂家夫婦，原本擁有人人稱羨的富裕生活，然而隨著兩個女兒皆為遲緩兒的相繼出生，一切的美夢都破碎了！四處求醫、求神問卜，甚至因此放棄音樂事業、欠下巨債……他們如何面對一連串的打擊？所幸他們在進入教會後有了改變，不僅坦然面對兩個孩子的缺陷，還償還了龐大的債務，更成立天使心基金會，以協助身心障礙者的父母及家人走出人生困境。
淨心	克里斯多夫． 傑米森神父／著 定價 200 元	快樂不是一種成就，而是與生俱來的天賦和本性。本書以西方隱修士淨心的靈修方式，教你如何消除造成不快樂的八種負面思想，分別是冷淡、貪吃、情慾、貪婪、憤怒、悲傷、虛榮、驕傲；並針對每一個想法及其造成的後果，提出隱修士身體力行的有效對治方法。當能扭轉心境後，不論外在情境如何，喜樂將盈滿你的心靈。
活出愛	單國璽樞機主教口述、蘇怡任採訪撰述 定價 300 元	台灣的第一位的樞機主教善國璽，在 2006 年，被檢查罹患了肺腺癌。從醫生告知剩下不到半年的壽命，現在五個半年過去了。好消息是，他的左肺腫瘤不見了，右肺的腫瘤也縮小中。他藉由本書向所有的人見證信仰的歷程、抗癌力量，和笑談生死的豁達，並傳達造物主的大愛、生而為人的愛，以及八十多年的人生體悟。
向生命說 Yes ！	維克多．弗蘭克／著 定價 280 元	本書作者為維也納第三心理治療學派的創立者。二戰期間遭囚禁於奧許維茲、達浩等集中營長達三年。本書即是集中營在期間的經歷與沈思，呈現人們如何在極端痛苦之下，將自身對生命的冀希轉化成對生命的承擔與回應。自出版迄今，轟動全球，堪稱為研究人類心理學與精神不可不讀的一本經典之作。
第三位耶穌	狄帕克．喬普拉著 定價 280 元	第三位耶穌是「開悟的覺者」，他的教導，不僅針對以他的名字所建立的教會，也適用於全人類。他教導的對象是每個想親自體會神性、想得到所謂恩典或上帝意識及開悟智慧的個人。無論我們依循哪個傳統，我們共享一個宇宙智慧，因為，我們的命運是相連的。